Knut Meinel

Bitte recht freundlich!

Knut Meinel

Bitte recht freundlich!

18 Predigteinladungen zum Glauben

Fromm Verlag

Impressum/Imprint (nur für Deutschland/ only for Germany)
Bibliografische Information der Deutschen Nationalbibliothek: Die Deutsche Nationalbibliothek verzeichnet diese Publikation in der Deutschen Nationalbibliografie; detaillierte bibliografische Daten sind im Internet über http://dnb.d-nb.de abrufbar.

Coverbild: www.ingimage.com

Contact:
International Book Market Service Ltd., 17 Rue Meldrum, Beau Bassin, 1713-01 Mauritius
Website: www.bookmarketservice.com
Email: info@bookmarketservice.com

Gedruckt in: USA, UK, Deutschland. Dieses Buch wurde nicht in Mauritius produziert.

Imprint (only for USA, GB)
Bibliographic information published by the Deutsche Nationalbibliothek: The Deutsche Nationalbibliothek lists this publication in the Deutsche Nationalbibliografie; detailed bibliographic data are available in the Internet at http://dnb.d-nb.de.

Cover image: www.ingimage.com

Contact:
International Book Market Service Ltd., 17 Rue Meldrum, Beau Bassin, 1713-01 Mauritius
Website: www.bookmarketservice.com
Email: info@bookmarketservice.com

Printed in: U.S.A., U.K., Germany. This book was not produced in Mauritius.

ISBN: 978-3-8416-0183-4

Inhaltsverzeichnis

Johannes und der Fall Wikileaks

Predigt im Advent 2010 über Lukas 3,1-14

Manchmal geschehen Dinge, die man niemals für möglich gehalten hätte.

Bis vor zwei Wochen hätten weder die Amerikaner, noch die Russen noch sonst irgend jemand von den mächtigen Staatenlenkern dieser Welt geglaubt, dass heute jedermann einige ihrer bestgehütetsten Geheimnisse im Internet würde lesen können. „Wikileaks", auf deutsch etwa: öffentliche Lecks, macht das möglich, in aller Klarheit und Wahrheit zu lesen, was Politiker niemals öffentlich aussprechen oder zugeben würden. Julian Assange, der Gründer des Portals „Wikileaks", vor wenigen Tagen verhaftet, ist derzeit einer der meistgehassten Männer in den USA, manche Politiker fordern für ihn sogar die Todesstrafe.

Was ist da geschehen?

Da ist die Wahrheit ans Licht gekommen, die gut versteckte, dem einfachen Volk nicht zumutbare, die bittere Wahrheit. Über den Irak-Krieg, über die Kriegsgefahr in Nordkorea, über das atomare Rüsten im Nahen Osten und über vieles mehr. Schmerzhafte Wahrheiten waren dabei, verletzende Aussagen über Menschen, Dinge, die man vielleicht lieber nicht gehört hätte. Aber: die Wahrheit.

Was in diesen Tagen durch Wikileaks geschehen ist, passt gut in die Adventszeit. Wir warten darauf, dass die Wahrheit ans Licht kommt. Dass der zum Licht wird, der von sich sagt: Ich bin die Wahrheit, und der Weg, und das Leben – und der damit zum Licht der Welt wird.

Die Wahrheit Jesu Christi ist keine Kuschelbotschaft bei Kerzenschein und mit Lebkuchenduft. Seine Wahrheit erschreckt, rüttelt auf, reißt aus der Sicherheit heraus. Denn sie ist, vergleichbar dem Fall Wikileaks, eine Ent-hüllung. Sie deckt auf, was bisher sorgsam verborgen war.

Die Bibel schildert uns diese Enthüllung sehr plastisch. Sie erzählt die Geschichte von Johannes dem Täufer, der die Menschen seiner Zeit auf die Enthüllung der Wahrheit vorbereitet hat. Und weil die Mächtigen schon damals Angst vor der Enthüllung der Wahrheit hatten, haben sie Johannes ins

Gefängnis stecken und später hinrichten lassen. Wir haben im Evangelium gerade von ihm gehört. Die Schilderung aus dem Lukasevangelium, die uns heute zur Predigt aufgegeben ist, beschreibt nun das erste Auftreten von Johannes. Wir hören aus dem Lukasevangelium im 3.Kapitel.

Es war im 15. Regierungsjahr des Kaisers Tiberius. Pontius Pilatus verwaltete als Statthalter die Provinz Judäa; Herodes herrschte über Galiläa, sein Bruder Philippus über Ituräa und Trachonitis, und Lysanias regierte in Abilene;
Hannas und später Kaiphas waren die Hohenpriester. In dieser Zeit sprach Gott zu Johannes, dem Sohn des Zacharias, der in der Wüste lebte.[1]

Lukas wählt einen sehr feierlichen Auftakt für das, was er über Johannes erzählen möchte. Wir spüren: Jetzt beginnt ein ganz besonders wichtiges Kapitel der Menschheitsgeschichte. Lukas nennt uns einige weltgeschichtlich bedeutsame Persönlichkeiten, die uns helfen, das folgende historisch exakt einzuordnen, und zwar etwa in das Jahr 28 nach Christi Geburt. Pontius Pilatus, Herodes, Hannas und Kaiphas: all die mächtigen Männer und Geschicke-Lenker werden es mit dem zu tun bekommen, von dem Johannes, der Sohn eines kleinen Priesters am Tempel in Jerusalem, Zeugnis ablegen wird. Nun wird es Zeit, dass die Wahrheit ans Licht kommt!

Johannes verließ die Wüste und zog durch das ganze Gebiet am Jordan. Überall forderte er die Leute auf: "Kehrt um zu Gott, und lasst euch von mir taufen. Dann wird euch Gott eure Sünden vergeben!
So erfüllte sich, was im Buch des Propheten Jesaja steht: "Ein Bote wird in der Wüste rufen: 'Macht den Weg frei für den Herrn! Räumt alle Hindernisse weg! Jedes Tal soll aufgefüllt, jeder Berg und Hügel abgetragen werden, krumme Wege sollen begradigt und holprige Wege eben werden!
Dann werden alle Menschen sehen, wie Gott Rettung bringt!'

---

[1] Soweit nicht anders vermerkt, sind die Bibelstellen in dieser Predigtsammlung der Übersetzung „Hoffnung für alle", Brunnen Verlag Basel 2003, entnommen.

Der Auftrag, den Johannes von Gott bekommt, ist ziemlich klar: Johannes soll ein Wegbereiter sein. Er soll die Menschen auf die Begegnung mit Jesus vorbereiten. Also macht er sich auf den Weg und zieht durch die Lande, tritt auf Plätzen und in den Dörfern auf und: fordert sie zur Umkehr auf.

Umkehr, das heißt: eine neue Richtung einschlagen, gewohnte Bahnen verlassen, den Kurs ändern. Wir haben ja ein ganz gutes Gespür dafür, wenn mit unserem Leben, mit unserer Lebensweise etwas nicht stimmt. Wir merken meist ganz genau, wo die krummen und holprigen Wege unseres Lebens sind, wo unsere dunklen Täler liegen. Und wir kennen auch die Sehnsucht danach, dass es anders wird bei uns, gerade in dieser Zeit: dass wir mehr Vertrauen haben, dass wir Gottes Stimme hören, dass wir ihn erfahren können. Diese Sehnsucht nach Heil, nach innerer Zufriedenheit, treibt uns um und wir spüren: wir brauchen eine neue Orientierung, hin zu Gott! Und das merken nicht nur wir, sondern auch die Menschen, die in Scharen zu Johannes laufen. Lukas schreibt weiter:

Die Menschen kamen in Scharen zu Johannes, um sich von ihm taufen zu lassen. Aber er ging mit ihnen hart ins Gericht: "Ihr Schlangenbrut! Wer hat euch eingeredet, dass ihr dem kommenden Zorn Gottes entrinnen werdet?

Zeigt erst einmal durch Taten, dass ihr wirklich zu Gott umkehren wollt! Bildet euch nur nicht ein, ihr könntet euch damit herausreden: 'Abraham ist unser Vater!' Ich sage euch: Gott kann selbst aus diesen Steinen hier Nachkommen Abrahams hervorbringen.

Schon ist die Axt erhoben, um die Bäume an der Wurzel abzuschlagen. Jeder Baum, der keine guten Früchte bringt, wird umgehauen und ins Feuer geworfen."

Besonders freundlich ist der Empfang nicht, den Johannes den Menschen bereitet. Aber denen, die meinen, mit der Taufe sei die Umkehr bereits erledigt, erteilt der Prophet eine Abfuhr. Gott kommt es auf Taten an. Er möchte, dass sich im Leben wirklich etwas verändert, dass die Sehnsucht nach Heil nicht nur ein frommes Wünschen bleibt, sondern dass dieses Heil real erfahrbar wird. Aber das bedeutet: die Zuschauerposition zu verlassen. Wenn die Wahrheit ans Licht kommt, wenn krumme Wege gerade werden und holprige Wege eben, dann ist nichts mehr so, wie es vorher war. Die Geschichte mit den geheimen Dokumenten zeigt das ganz gut: die Veröffentlichung der geheimen Dokumente habe, so ein Diplomat, vieles grundlegend verändert. Es ist in unserem Leben aber nicht anders: wenn wir in der Begegnung mit Jesus Christus, mit dem Heil der Welt, nicht verändert werden, wenn in unserem Leben alles so weiterläuft wie bisher: dann läuft etwas schief. Die Wahrheit über mein Leben, über das, was ich mache und bin, tut manchmal weh. Im Lichte dieser Wahrheit sehe ich die Stellen sehr genau, die wehtun und die wund sind – und genau da brauche ich ja das Heil und die Heilung! Wenn wir spüren und erkennen, wo wir Heilung brauchen: da sind wir auf dem Weg der Umkehr, auf dem Weg zu Gott.

Die Menschen damals mögen zuerst schockiert und verletzt gewesen sein, aber sie haben verstanden. Wir sehen das an der Frage, die sie dem Täufer gestellt haben. Hören wir noch einmal Lukas:

Da wollten die Leute wissen: "Was sollen wir denn tun?"
Johannes antwortete: "Wer zwei Hemden hat, soll dem eins geben, der keins besitzt. Und wer etwas zu essen hat, soll seine Mahlzeit mit Hungrigen teilen."
Es kamen auch Zolleinnehmer, die sich taufen lassen wollten. Sie fragten: "Und wir? Wie sollen wir uns verhalten?" Johannes wies sie an: "Verlangt nur so viel Zollgebühren, wie ihr fordern dürft!" "Und was sollen wir tun?", erkundigten sich einige Soldaten. "Plündert nicht, und erpresst niemand! Seid zufrieden mit eurem Sold", antwortete ihnen Johannes.

Wie sollen wir uns verhalten? Johannes antwortet hier sehr konkret: den Zöllnern, den Soldaten, den einfachen Menschen. Er hatte sie ja vor Augen mit ihren krummen Wegen und konnte sehr genau sagen, an welchen Stellen es wehtat.

Wie sollen wir uns verhalten? Diese Frage steht nach wie vor im Raum. Wie kann man sich innerlich einstellen auf das Geschehen in Bethlehem, das wir

seit 2000 Jahren feiern und das so gar nichts Neues, Aufregendes, Weltbewegendes zu sein scheint?
Aber: Wie kann etwas die Welt bewegen, wenn es dich nicht bewegt? Deshalb scheint es mir wichtig, den Impuls von Johannes aufzunehmen und sich bewegen zu lassen, Anstoß zu nehmen an seiner harten Kritik und dadurch angestoßen zu werden. Sich auch nach dem vielleicht 50. oder 70.Weihnachtsfest, das ich bisher in meinem Leben gefeiert habe, trotzdem noch die Frage zu stellen, was diese Geburt im Stall mit mir zu tun hat. Noch einmal darüber nachzudenken, was Gott uns sagen und zeigen will, wenn er in Jesus Mensch wird wie wir. Meine Wunden ganz bewusst vor Gott bringen und ihn um Heil und Heilung bitten und sich der Wahrheit aussetzen, „die mein Leben trifft", wie es in einem geistlichen Lied von Peter Spangenberg[2] heißt.
Das ist das eine: sich bewegen lassen. Und das andere halte ich für genauso wichtig: dass wir es machen wie die Menschen damals bei Johannes, die ihn zu sich haben kommen lassen voller Erwartung und Sehnsucht. Jesus kommt zu uns. Gott kommt zu uns. Sich das bewusst zu machen, ist der tiefe Sinn des Advents, „Ankunft". Er lässt uns manchmal auf Heilung und Heil warten, aber er kommt. Er lässt uns manchmal mit Fragen und Zweifeln kämpfen – aber er kommt. Er führt uns manchmal ins Dunkle und lässt uns unsere Verletzungen spüren – aber er kommt zur Hilfe. Und es geschehen Dinge, die man niemals für möglich gehalten hätte. Amen.

[2] Evangelisches Gesangbuch für Bayern und Thüringen, München [2]1995, Nr.704

Bitte recht freundlich!

Predigt zum Christfest 2009

Darf ich zuerst einmal ein kleines Erinnerungsfoto von Ihnen machen? Warten Sie... so...und jetzt: bitte recht freundlich.....danke!
Ja... ist etwas geworden...sieht nicht schlecht aus.

So eine „Digicam" ist schon was Feines. Und erst recht die Handykameras. Zu Weihnachten werden auch in diesem Jahr viele solcher Geräte unterm Christbaum liegen, und sie werden fleißig benutzt: Oma beim Geschenkauspacken, Papa, der sich gerade über die neue Krawatte freut oder der kleine Felix mit seiner Holzeisenbahn: alles kann im Bild festgehalten und gespeichert werden. Und wenn Klein-Lisa die Puppe entdeckt, die ihr das Christkind gebracht hat, drücken in der anwesenden Verwandtschaft mindestens vier Hobbyfotografen auf den Auslöser. Bitte recht freundlich!
Aber Spaß beiseite: Mit Fotos verbinden sich mitunter unsere wichtigsten und schönsten Erinnerungen. Wer hat sich nicht schon mal mit den besten Kumpels zu einem Gruppenfoto dicht zusammengedrängt oder mit den besten Freundinnen in einen Passbildautomaten gequetscht: recht freundlich gucken, es blitzt, verewigte Erinnerung im Taschenformat? Fotos sind Erinnerungen an schöne Momente, Begegnungen und Orte. Gerade zu Weihnachten sitzen wir gerne beisammen und schauen uns alte Familienfotos an, manchmal lachend, manchmal auch wehmütig und traurig. Fotos erzählen aber auch Geschichten: eigene und fremde. Wo wir uns selbst auf einem Foto entdecken, können wir sagen: ich war dabei. Ich habe mitgemacht. Ich gehöre dazu. So wie dieses Foto, das ich gerade gemacht habe, als gutes Beweisstück dafür taugt, dass Sie alle heute abend hier waren: so sind Bilder auch eine Art Erinnerungshilfe und Beleg: ach ja, das damals, da war ich auch dabei!
Bilder sind auch das Hauptthema des Christfestes. Sie alle haben heute abend ein Bild mitgebracht in diese Kirche, ein Bild, das Sie im Kopf haben. So, wie Weihnachten war, als Sie noch ein Kind waren. So, wie Sie

Weihnachten letztes Jahr gefeiert haben. Ein Bild davon, was Sie in dieser Kirche erwarten: den Lichterglanz, die brennenden Kerzen, den Christbaum.
Ein Bild, das es in ganzen vielen Köpfen gibt, weil es so oft dargestellt, gemalt und geschnitzt wurde, ist das, was Sie hier vorne auf dem Tisch sehen: die Heilige Familie, Maria, Josef und das Jesuskind mit Ochs, Esel und Hirten im Stall. Ich bin mir sicher, dass, wenn es damals schon Digicams gegeben hätte, auch die Hirten das Geschehen geknipst und für die Nachwelt festgehalten hätten. Schließlich war ihnen von den Engeln eine fast unglaubliche Nachricht überbracht worden: euch ist heute der Retter geboren, der, auf den Ihr so lange gewartet habt! Völlig klar, dass die Hirten alles haben stehen und liegen lassen, um zu sehen, was da passiert ist, und ich bin mir sicher, dass sie es fotografiert hätten.
Da liegt es also nun vor uns, dieses Bild aus dem Stall. Seit 2000 Jahren betrachten wir es mal mit Andacht, mal mit Wehmut, mal mit Abstand oder mit wissenschaftlichem Interesse. Auch heute abend haben wir es wieder vor Augen: die kalte Nacht, das Kind in Windeln gewickelt, ein bärtiger Josef und eine Maria, die liebevoll über das Neugeborene gebeugt ist. Die redlichen Hirten knien betend davor, hoch oben singt jubelnd der Engelein Chor.
Ist das alles, was von diesem Fest übrigbleibt: ein hübsches Bild? Oder passiert heute abend vielleicht doch mehr, als dass wir eine Geschichte nacherzählen, die vor 2000 Jahren passiert ist? Von der Antwort auf diese Frage hängt ab, ob Weihnachten ein Kitschfest mit Konsumkurbel ist oder ob dem Ganzen ein tieferer Sinn, ja so etwas wie ein heilsamer und heilender Grund innewohnt.
Diese Frage kann jeder von uns natürlich nur für sich beantworten: hübsches Bild oder doch mehr? Vielleicht hilft dabei nochmal der Blick auf die hier: die Kamera. **Sie blitzt. Sie hält Erinnerungen fest. Und sie hilft dabei, die eigene Geschichte festzuhalten.**
Zunächst: **sie blitzt.** Eine Kamera braucht einen Blitz, um in dunkler Umgebung ein brauchbares Bild zu bekommen. Gott hat in dieser Nacht in Bethlehem sozusagen einen Blitz benutzt. Mit Jesus Christus wurde schlagartig ein Licht geworfen auf eine dunkle Welt. Für einen Moment der

Weltgeschichte wurde es ganz hell. Dreißig Jahre alt ist Jesus geworden, und gerade mal drei Jahre lang dauerte sein öffentliches Auftreten. Aber diese drei Jahre Licht unter den Menschen haben ausgereicht, um ein brauchbares Bild zu bekommen; ein brauchbares Bild der Welt und vom Menschen. Dieses Kind in der Krippe zeigt, dass Gott seine Welt und ihre Bewohner von Herzen lieb hat. Es zeigt, dass dieser Gott in ihr wohnen und zuhause sein will. Dieser Jesus hat gezeigt, was Menschsein wirklich bedeutet, und er hat gezeigt, dass wir einen Trost, eine Hoffnung, eine Heimat haben. Dieses Bild, entstanden in der Nacht von Bethlehem, ist nicht mehr auszulöschen, zu manipulieren oder wegzureden. Gott hat auf den Auslöser gedrückt, und was er ausgelöst hat, ist nicht mehr zu stoppen gewesen. Bis heute. Bis jetzt. Heute abend liegt das Bild wieder vor uns, und es sagt: So recht freundlich bin ich, Gott, zu dir gewesen. Ich hab's für Dich getan und es hell gemacht auch in Deiner Welt. Ich biete dir eine neue Sicht an auf Dich und Dein Leben.

Eine Kamera hält **Erinnerungen** fest. Das ist das nächste. Manche Erinnerungen sind schön, andere tun weh. Gerade am Heiligen Abend, wenn die Erinnerung an verstorbene Angehörige, die eigene Not oder manche Probleme sich vor das schöne Bild vom Christbaum schieben wollen. Bilder wie diese mischen sich dann mit den Bildern aus unserer Kinderzeit, wo Weihnachten noch etwas Geheimnisvolles, Zauberhaftes war.

Ohne Erinnerung, auch an die schweren Momente, an die Augenblicke von Enttäuschung und Hoffnungslosigkeit, kann man nur sehr schwer leben. Wir wissen das aus der Medizin von Menschen, die ihr Erinnerungsvermögen verloren haben und nur aus der Gegenwart leben. Wir Menschen sind auf Geschichte angelegt und auf Erinnerung an diese Geschichte. Gott möchte, dass wir uns erinnern: wie es war, als wir unseren Ehepartner kennengelernt haben und uns noch nicht so vieles an ihm gestört hat. Wann wir zum letzten Mal von Herzen „Gottseidank" gesagt haben. Wann wir das letzte Mal so richtig glücklich, ja selig, gewesen sind. Wann wir das letzte Mal jemanden umarmt, jemanden geküsst, jemand richtig liebgehabt haben. Und Gott möchte, dass wir uns bei alledem an Sein Versprechen erinnern: das Versprechen, ein lebendiger Gott zu sein, der uns sieht, und dass er bei uns bleibt für immer. Das ist das Versprechen, das er im Stall von Bethlehem eingelöst hat, als er Mensch wurde. Wir haben zu Beginn der Adventszeit Wünsche und Gebete an Gott formuliert und sie an die Zweige an der Bank gehängt. Ab und zu ist es gut, sich dies nochmal anzusehen und festzustellen: Gott macht seine Versprechen wahr - ich kann dankbar sein für vieles, was ich bekomme.

Freilich kommt auch manches nicht so, wie wir es uns wünschen. Natürlich können es auch schlimme Erinnerungen sein, die ich habe. Enttäuschende Erfahrungen mit Gott, von dem ich meine, dass er Sein Versprechen zu mir nicht eingehalten hat. Aber so wie jemand nicht glücklich wird, der nur die alten Fotos betrachtet und über die vergangenen Zeiten trauert, so kann jemand auch nicht mit Gott glücklich werden, wenn er bei diesen Enttäuschungen bleibt. Erinnerung alleine macht nicht glücklich, wenn die Erfahrung der Gegenwart fehlt. Gott möchte es neu mit Dir versuchen, jeden Tag. Und er ist es wert, dass Du ihm die Chance gibst, aus den Bildern der Erinnerung und den starren Rahmen herauszutreten und in deinem Leben eine Rolle zu spielen. Erinnerung kann dabei helfen – aber sie ersetzt die eigene Erfahrung heute nicht - so wenig wie alte Fotos mein Leben jetzt ersetzen.

Schließlich: **die Kamera hilft dabei, die eigene Geschichte festzuhalten**. Ich glaube, jeder von uns kennt das: wenn wir ein Klassenfoto betrachten, das vor 30 Jahren entstanden ist, dann suchen wir uns gerne auf diesen Bildern. Wie habe ich damals ausgesehen? Schau dir mal die Frisur und das Kleid an: das war damals modern! Und in die da mit den langen Zöpfen war ich verliebt!

Ich erinnere mich an einen Hilfseinsatz, den wir bei der Elbeflut hatten, im August 2002. Wir waren in der Nähe von Riesa und halfen beim Aufräumen, als jemand aus unserer Gruppe inmitten von Unrat, Schlamm und Ästen einen Packen Fotos entdeckte. Auf gut Glück brachten wir diese Bilder zum nächstgelegenen Haus, wo die Besitzerin in all ihrem Chaos Freudentränen beim Anblick ihrer Bilder vergoss.

Bilder sind dann wertvoll, wenn ich etwas damit verbinde, wenn sich darin meine Lebensgeschichte und meine Beziehungen widerspiegeln. Deshalb sind gerade Familien- und Freundesfotos sehr persönliche und überaus wertvolle Sachen; wenn es brennt, gehören die Fotos zu ersten Dingen, die schnell eingepackt werden. Wenn das Bild der Heiligen Nacht, wenn dieses Geschehen, mehr sein soll als ein hübsches Foto, das irgendwelche Menschen zeigt, dann muss es ein persönliches Bild werden. Ich muss mich auf diesem Bild irgendwo entdecken können, wie auf einem Klassenfoto: als der, der ich bin, mit all meinen Schwächen und Fehlern, mit meinen Zweifeln und Ansichten. Als Mensch des 21.Jahrhunderts und doch ganz nahe dran an diesem Kind in der Krippe.

Genau das ist es, was Gott uns heute abend anbietet. Er schenkt dir dieses Bild, damit es dein Bild wird. In diesem Bild kannst Du Dich wiederfinden: ob mehr in der Mitte oder am Rand, ob mehr interessiert oder eher zögerlich-abwartend: aber Du bist drauf auf dem Bild! So wie ich vorhin mit der Kamera Sie alle fotografiert habe und Sie jetzt hier gespeichert sind - so sind wir alle in dieser Nacht durch die Geburt Jesu hineingenommen in das Bild – es hat geblitzt, und jetzt sind wir mit dabei. Gott wollte Dich auf diesem Bild mit draufhaben! Diese Suche nach dem eigenen Gesicht auf dem Bild ist die Suche nach Gott in meinem Leben. Vielleicht könnte das ein guter Vorsatz für das neue Jahr sein: diese Geschichte mit Jesus zu meiner persönlichen Geschichte zu machen und dabei den heilsamen und heilenden Grund der Weihnacht zu entdecken. Ich wünsche Ihnen, liebe Gemeinde, für diesen aufregenden und schönen Weg mit Gott, dass Sie viele gute und bereichernde Erfahrungen machen dürfen. Amen.

Gefällt mir!

Predigt zum Christfest 2010

Liebe Festgemeinde, den Internetnutzern unter Ihnen dürfte das Symbol der Internetseite „Facebook“ gut bekannt sein. So gut wie jede größere Webseite hat inzwischen ein solches „Gefällt mir!“-Zeichen. Wenn man Mitglied im weltweit größten sozialen Netzwerk ist, kann man, indem man auf das „Gefällt mir“ klickt, Millionen von anderen Nutzern zeigen, wofür man sich begeistert: für den FC Nürnberg z.B., oder die Deutsche Bahn (die kann gerade ein paar Fans brauchen) oder auch die informative Seite des Telefonbuchverlags.

Im Rückblick war 2010 das Jahr des „Gefällt mir“ – nicht nur im Internet. Selten haben so viele Menschen in unserem Land öffentlich zum Ausdruck gebracht, was ihnen gefallen oder eben auch nicht gefallen hat, wie in diesem Jahr. Ich denke an die Einführung des Rauchverbots in Gaststätten im Sommer – per Volksentscheid. Die erbitterten Proteste und Diskussionen rund um das Projekt „Stuttgart 21“ sind uns noch vor Augen, die Proteste gegen den Castor-Transport ins Wendland im Herbst und die Debatte um einen „Bundespräsidenten der Herzen“, die viele Menschen bewegt hat. Und der Ruf nach Volksentscheiden und Bürgerbegehren wird immer lauter; immer mehr Menschen möchten gerne „gefällt mir!“ sagen dürfen.

Was in der Politik und im Zeitalter des Internets immer einfacher wird: nämlich Farbe zu bekennen, sich zu engagieren oder zu protestieren – das fällt schwer, wenn es um Glaubensfragen geht. Während viele Menschen ihre Hobbys und Vorlieben, den Namen ihrer Haustiere oder ihre Krankheiten bedenkenlos der Nutzergemeinde preisgeben, behält man seine religiösen Überzeugungen lieber für sich. Vielleicht, um nicht als Fundamentalist zu gelten. Vielleicht aber auch, weil es nicht so einfach ist, das öffentlich zu machen und dafür einzustehen, was man glaubt, hofft und ersehnt.

Nun haben Sie, liebe Festgemeinde, den ersten Schritt schon einmal getan, indem Sie heute hierhergekommen sind. Sie haben also zu diesem Fest, der Weihnacht, „gefällt mir“ gesagt. Die Gründe dafür können unterschiedlich sein:

die Stimmung hier. Dass die ganze Familie beisammen ist. Weil der Stress vorbei ist. Weil es Geschenke gibt.
Ich möchte Ihnen heute abend gerne noch ein paar Gründe mehr mitgeben, warum man zu dem, was da im Stall von Bethlehem passiert ist, „gefällt mir" sagen kann. Besser gesagt: Gott selbst lädt uns ein, „gefällt mir" zu sagen zu dem, was er uns heute gerne schenken möchte, und damit ein Fan von ihm zu werden.
Der erste Grund also: **Gott wird Mensch.**
Das ist dem Durchschnittschristen im Jahr 2010 in Reli-, Konfi- und Kommunionsunterricht nun so oft eingetrichtert worden, dass es keine Begeisterungsstürme hervorruft, bestenfalls zur Kenntnis genommen und kaum geglaubt wird. Dabei lohnt es sich wirklich, darüber nachzudenken, was das heißt: **Gott wird in Jesus Christus ein Mensch**. Und da hilft es, sich vorzustellen, wie unsere Welt aussehen würde, wenn Gott NICHT Mensch geworden wäre. Vielleicht würden wir ein Stierbild anbeten, wie die Israeliten damals. Jeder Gläubige hätte dann ein solches Bild als Staubfänger irgendwo in seiner Wohnung stehen. Oder wir würden einmal im Jahr zu einem Turm pilgern, in dem unserer Meinung nach Gott wohnt. Aber: was wüssten wir von Gott? Was wüssten wir über seine Pläne mit unserem Leben, was wüssten wir von seiner Leidenschaft und von seiner Liebe zu uns? Wie könnten wir seinen Willen erkennen, und seine Heilspläne für die Welt? Woher sollten wir wissen, dass dieser Gott Gebete erhört, Menschen heil macht, sie mit seinem Geist beflügelt, versöhnt und segnet? Wir hätten keine Ahnung, keine Vorstellung davon, wie großartig dieser Gott ist.
Der Weg, den Gott gewählt hat, um uns nahe zu kommen, ist der Weg der Menschwerdung. Durch nichts hätte Gott uns besser zeigen können, wie sehr er uns liebhat, als durch dieses Kind in der Krippe. Durch Jesus können wir Gott unseren Vater nennen. Weil er Menschen geheilt hat, wissen wir, dass Gott unsere Wunden heilen kann. Weil Jesus Menschen in seinen Dienst gerufen hat, wissen wir, dass Gott Menschen in seinen Dienst berufen und sie zu Boten seiner Liebe machen kann. Weil Jesus gestorben und wieder auferstanden ist, wissen wir, dass der Tod nur ein Tor ist in die jenseitige Welt

und in Sein Reich. Und dass Gott in dem kleinen Kind Jesus angreifbar (in des Wortes wahrstem Sinne), verletzlich, bedürftig geworden ist wie wir – und doch so mächtig: das gefällt mir! Dass er nicht mit Staatskarossen und Bodyguards und Diplomatengepäck gekommen ist, sondern im Dreck eines Stalles: das gefällt mir! Und das ihn nicht zuerst die Könige und die Experten und die ganzen anderen Wichtigtuer gesehen haben, sondern die Hirten auf dem Feld: das gefällt mir auch! **Gott wird Mensch.**

Ein zweiter Grund: **Ich bin nicht mehr alleine.**

Der Erfolg sozialer Netzwerke im Internet – Facebook, Myspace und wie sie alle heißen – begründet sich darin, dass man nicht mehr alleine ist. Wer will, kann mit tausenden Menschen befreundet sein. Über die Qualität solcher Freundschaften kann man streiten: aber, wer will, kann jederzeit mit anderen in Kontakt treten, sich austauschen, gemeinsamen Interessen nachgehen. Diese Art von Freundschaften, das ist inzwischen wissenschaftlich nachgewiesen, kann reale Beziehungen nicht ersetzen, aber durchaus genauso wichtig sein und dieselbe Qualität haben. Das, was wir heute abend feiern, ist in gewissem Sinne vergleichbar mit einer virtuellen Freundschaft, wie sie im Internet bereits Millionen Menschen pflegen. In der Geburt des Kindes im Stall von Bethlehem macht Gott jedem von uns ein Angebot; es lautet: Jesus Christus möchte mit dir **befreundet** sein. Dieses Angebot kann man ablehnen oder annehmen. Gott zwingt sich niemandem auf. Wer das Angebot annimmt, sagt Jesus, kann sein Leben verlieren, um ein anderes dafür zu gewinnen. Die Freundschaft mit Jesus ist kein bequemer Weg, manchmal ein Hürdenlauf. Es gibt Höhen und Tiefen. Oft ist es schwierig, weil man eben kein Gegenüber zum Anfassen hat, weil man sich unsicher ist, ob man seine Gebete nicht ins Leere spricht. Vor allem gibt es niemanden, der dir sagen kann, was dich dabei erwartet und wie man es am besten macht: denn mit jedem und mit jeder geht Jesus einen anderen Weg. Aber was man sicher sagen kann, ist: dass du nicht mehr alleine bist. Egal, was passiert, egal, wo ich bin, egal, wie weit weg ich mich gerade fühle: ich habe Jesus zum Freund. Gott ist auf meiner Seite, und **das gefällt mir.**

Ein dritter und ein vierter und letzter Grund: **Ich bin geliebt, und: Ich bin frei.**

Diese beiden Gründe müssen in einem Atemzug genannt werden. Denn beides gehört zusammen: Liebe und Freiheit. Liebe ohne Freiheit ist wie ein Vogel ohne Flügel, und Freiheit ohne Liebe ist, gelinde gesagt, ein behandlungsbedürftiger Zustand. Gott selbst hat, indem er Mensch wurde, Liebe und Freiheit in einem Atemzug genannt. In Jesus hat er diese großen Worte so übersetzt, dass wir sie verstehen können: in ein kleines Kind. Schaut her: so wie ich meinen Sohn liebe, so liebe ich euch. So wahr, wie dieses Kind hier vor euch liegt! Und die Wahrheit dieses Kindes wird euch frei machen, sagt Gott. Jesus selbst hat die Wahrheit Gottes, die sich in seiner bedingungslosen Liebe zeigt, immer und immer wieder bezeugt, hat Menschen dafür geworben und diese Wahrheit bewiesen: indem er Menschen getröstet, ermutigt, geheilt und aus unglücklichen Bindungen befreit hat. Und Jesus hat gezeigt, dass diese Liebe Gottes und Seine Wahrheit den Tod nicht nur überdauern, sondern ein für allemal besiegen. Und deshalb spielen die knapp 2000 Jahre, die uns von dieser Geburt im Stall trennen, keine Rolle für uns heute abend: **weil wir seitdem geliebte und befreite und wertvolle Kinder Gottes sind, jeder einzelne hier!** Und ich wünsche jedem und jeder von Ihnen, dass Sie, wenn Sie heute nach Hause und in die kommende Zeit gehen, sagen können: Das gefällt mir, das Gefühl, geliebt zu sein. Das gefällt mir – eine innere Freiheit zu spüren, die mir niemand nehmen kann: keine äußeren Zwänge, keine Abhängigkeit, kein Chef oder sonstwer. Das gefällt mir – dass ich wertvoll bin, so wertvoll, dass Gott gut auf mich achtet und mich immer im Blick hat wie seinen Augapfel.

Wenn Sie das heute und in der kommenden Zeit zum Ausdruck bringen: Dass Ihnen das gefällt, dann ist das im Gegensatz zu Facebook nicht nur datenschutzrechtlich unbedenklich, sondern dann wird es Weihnachten: nicht nur hier in der Kirche, sondern auch bei uns daheim und in unseren Herzen. Ein paar Leute haben heute abend schon „gefällt mir“ gesagt: eine junge unverheiratete Frau, ein armer Zimmermann, ein paar Hirten. Ich wünsche Ihnen, dass Sie auch dazugehören. Amen.

Schatz im Eimer

Predigt am letzten Sonntag nach Epiphanias über 2.Korinther 4, 6-12

Noch heute sehe ich sie vor mir: die Tür, die in den Keller des Hauses führte, in dem ich die ersten Jahre meiner Kindheit verbrachte. Es war ein großes, altes Pfarrhaus. Auch der Keller war groß und alt. Vor allem aber war er: dunkel. Wen die Mutter dorthin schickte, um Kartoffeln zu holen – und das war meistens ich -, der musste zunächst an den Lichtschalter gelangen, der zwar am Ende der Treppe war, mir aber als Kind ziemlich weit weg vorkam. Zumal die Betätigung dieses Schalters an der Gesamtsituation nicht sehr viel änderte, denn ein funzeliges Licht am Ende des Gewölbes erhellte nur spärlich die schwarzen Mauern. Die wirklich schlimmen Winkel des Kellers schien die uralte Glühbirne gar nicht zu erreichen. Es roch nach Spinnen und Kälte und Unheimlichkeit. Zu allem Unglück hatte der Keller keine schöne Geschichte; das Pfarrhaus war früher ein Gutshaus gewesen, dessen Gutsherr auch die Gerichtsbarkeit in dem kleinen Spreewalddorf ausübte. Deshalb hatte der Keller ein kleines Verlies für die Gefangenen. In diesem Verlies lagen unsere Kartoffeln. Und die musste ich holen. Und Sie können sich vorstellen, wie froh ich jedes Mal war, wenn ich mit den Kartoffeln im Eimer die letzten Stufen nach oben im Sauseschritt hinter mich gebracht hatte, ohne dass ich einer Ratte oder dem Geist eines Gefangenen begegnet war.

Dunkelheit macht uns Angst. Das weiß nicht nur jedes Kind, sondern auch jeder, der schon mal des nachts aufgewacht ist und nicht wieder einschlafen konnte. In der Nacht erdrücken uns die Sorgen wie Bleitafeln, die Ängste und Unruhen, die wir tagsüber noch ganz gut im Griff haben, entwickeln im Dunkeln ein seltsames Eigenleben. „Nachtgespinste“ nennen wir das, und das klingt harmlos für die Dinge, die viele Menschen in der Nacht erleben. Die Dunkelheit verändert unsere Wahrnehmung, verzerrt sie regelrecht. Wir sehen Dinge, die es tagsüber nicht gibt. Manches, was bei Licht besehen klein und lächerlich erscheint, wird im Dunkeln riesengroß und übermächtig. Das geht bis zu regelrechten Panikattacken, die einen befallen können, wenn man plötzlich von totaler Finsternis umgeben ist.

Dunkelheit macht deshalb unsicher, weil wir dem Sinn nicht mehr vertrauen können, den wir wohl am meisten gebrauchen. Das spürten Sie bereits, wenn Sie jetzt für einen Augenblick fest die Augen schließen würden. Sie wüssten nicht mehr, was um Sie herum passiert. Steckt mein Nachbar mir die Zunge heraus? Schneidet der Pfarrer mir eine Grimasse?

Wenn Menschen in eine Lebenskrise kommen, dann sprechen sie oft davon, in „ein tiefes Loch zu fallen“. Die Welt wird für sie unerreichbar, oft sind sie auch für andere unerreichbar. Vor allem aber ist diese Redewendung ein Ausdruck für die Finsternis, die einen mit eiserner Faust umschließt. Der Tod eines geliebten Menschen, eine schlimme Diagnose, eine Trennung oder eine Depression: da tut sich ein großes schwarzes Loch auf, und unversehens bin ich wieder mittendrin in meiner Urangst, totale Finsternis und kein Lichtschalter in Sicht. „Ich schreie des nachts, aber du hörst mich nicht.“ So drückt es der Beter des 22.Psalms aus.

Auch ein anderer biblischer Autor kennt ganz genau solche Gefühle. *Ich bin von allen Seiten bedrängt,* gesteht der Apostel Paulus in unserem heutigen Predigtwort, einem Ausschnitt aus dem 2.Brief an die Gemeinde in Korinth. *Ich weiß oft nicht mehr weiter. Ich werde verfolgt. Ich werde niedergeworfen. Ich erleide fortwährend das Sterben, das Jesus durchlitten hat, an meinem eigenen Leib.*

Worte aus der Finsternis. Worte eines Menschen, der weiß, was Dunkelheit bedeutet, weil er sie täglich durchlebt. Durchlebt – und überlebt. *Ich bin von allen Seiten bedrängt, aber ich werde nicht erdrückt. Ich weiß oft nicht mehr weiter, aber ich verzweifle nicht. Ich werde verfolgt, aber Gott lässt mich nicht im Stich. Ich werde niedergeworfen, aber ich komme wieder auf.*

Ich erleide fortwährend das Sterben, das Jesus durchlitten hat, an meinem eigenen Leib. Aber das geschieht, damit auch das Leben, zu dem Jesus auferweckt worden ist, an mir sichtbar wird.

Der Blick auf Paulus fasziniert mich immer wieder. Woher hatte dieser Mann die Kraft, die zahllosen Anfeindungen und Gefährdungen so zu überleben, dass er gestärkt und getröstet seinen Weg fortsetzen konnte? Ich jedenfalls könnte das wohl nicht – da bin ich in meinem Christsein viel zu ängstlich und unerfahren. Einem geistlichen Profi wie dem Paulus kann ich, wenn es hart kommt, wohl nicht das Wasser reichen.

Oder doch? Paulus jedenfalls schreibt den Korinthern nicht, damit die ihn für einen geistlichen Superhelden halten. Sondern ihm liegt sehr viel daran, dass die Korinther erkennen: wir haben als Christen etwas ganz Besonderes geschenkt bekommen, ausnahmslos wir alle, die wir auf den Namen Jesu getauft sind. So schreibt er:

Gott hat einst gesagt: »Licht strahle auf aus der Dunkelheit!« So hat er auch sein Licht in meinem Herzen aufleuchten lassen und mich zur Erkenntnis seiner Herrlichkeit geführt, der Herrlichkeit Gottes, wie sie aufgestrahlt ist in Jesus Christus.

Ich trage diesen Schatz in einem ganz gewöhnlichen, zerbrechlichen Gefäß. Denn es soll deutlich sichtbar sein, dass das Übermaß an Kraft, mit dem ich wirke, von Gott kommt und nicht aus mir selbst.

Das einzige, was gegen die Dunkelheit hilft, ist das **Licht**. Deshalb, so Paulus, hat Gott uns Licht ins Herz geschenkt. Nicht irgendeine Funzel. Sondern dasselbe Licht, das schon zum Anbeginn der Schöpfung für Klarheit sorgte. Es ist das Licht, das uns erkennen lässt, wer der wirkliche Herr dieser Welt ist. Es ist das rettende Licht - wie wenn ich im Keller endlich den Lichtschalter gefunden habe. Es ist auch das Licht am Ende des Tunnels, das Licht, auf das ich, noch vom Dunkeln umgeben, zugehe, aber in Hoffnung. Es ist das Licht, vor dem die Dunkelheit zurückweichen muss, wie bei einem Nachtlicht, das unsere Kinder brauchen, damit sie ruhig schlafen können. Licht der Rettung, Licht der Hoffnung, Licht des Siegers: das ist gemeint, wenn Paulus hier von der Erkenntnis Jesu Christi spricht.

Dieses Licht von Gott ist aber nun kein Flutlicht und kein 1000-Watt-Strahler. Das war schon für die Korinther enttäuschend, weshalb sie dem Paulus ja auch vorwarfen, er sei gar kein richtiger Apostel und andere viel erfolgreicher und strahlender als er, der ständig durch Finsternisse gehen musste. Bis heute ist diese äußere Unscheinbarkeit des Lichtes ein Hauptgrund dafür, warum viele Menschen an Gott und seiner Existenz zweifeln.

Ich trage diesen Schatz in einem ganz gewöhnlichen, zerbrechlichen Gefäß, sagt Paulus. Man könnte sagen: ein Schatz im Eimer. Dieses kostbare Licht, das Licht des ersten Schöpfungstages, tragen wir in einem sehr zerbrechlichen, von Finsternis bedrohten Gefäß mit uns herum. Ich weiß nicht, warum: aber wenn wir in der Bibel etwas genauer nachforschen, zieht sich das merkwürdigerweise durch wie ein roter Faden! Wo vom Licht Gottes die Rede ist, dann nur selten als Blitz oder Blende (wie bei Mose zB), sondern als Kraft, die von innen kommt, als Licht in der Dunkelheit. So kam Gott in Jesus zur Welt: in der Nacht. Nicht die Masse sieht den verklärten Jesus auf dem Berg, sondern nur ein ganz kleiner Kreis von Jüngern. Die von Jesus Geheilten dürfen nicht weitersagen, wie heilsam ihnen das Licht des Lebens begegnet ist. Und nur wenige dürfen in den Leidenskündigungen erfahren, dass Gott durch den Tod Jesu etwas Weltbewegendes in Gang setzen will – für den Rest der Menschen starb am Kreuz ein relativ erfolgloser Wanderprediger und Volksverführer.

Ja, manchmal würde ich mir diesen Blitz auch wünschen, den alles und jeden erhellenden Blitz vom Himmel, der alles in ein gleißendes Licht taucht. Die Bibel verspricht uns, dass es so einen Tag einmal geben wird, der Tag, an dem Gott ans Licht bringen wird, was im Finstern verborgen ist. Aber bis dahin sind wir in unseren Finsternissen ganz auf das Licht angewiesen, das Gott in uns jetzt schon hineingegeben hat, in Erinnerung an den Beginn der Schöpfung und in der Gewissheit ihres Endes. *Denn es soll deutlich sichtbar sein, dass das Übermaß an Kraft, mit dem ich wirke, von Gott kommt und nicht aus mir selbst,* sagt Paulus. Das ist der Grund: in allem, was wir erleben und manchmal auch durchleben, sollen wir ganz bei Gott bleiben, auf ihn angewiesen sein. Das Licht der Rettung, das Licht der Hoffnung, das Licht des Siegers in uns leuchtet nun einmal dann besonders hell, wenn wir uns in einer finsteren Umgebung bewegen, und dass wir das tun, dass wir Christen uns oft in einer dunklen Welt bewegen und bewähren müssen, braucht hier nicht weiter erörtert werden. Durch dieses Licht aber ist uns Gott ganz nahe, sind wir ständig mit ihm verbunden.

Viele von Ihnen kennen solche Erlebnisse äußerer und innerer Bedrängnis, durchleben vielleicht gerade auch eine solche Finsternis und kennen das

Gefühl der Angst. Ich möchte Ihnen zum Schluss gerne noch ein Bild mitgeben in diese neue Woche.

Was Paulus mit dem Licht in dem zerbrechlichen Gefäß meint, kann man vielleicht ganz gut mit einem Leuchtstab vergleichen. Bei Licht und in der Helligkeit betrachtet ist an diesem Stab nichts Auffälliges. So ist es auch im Leben; unter normalen Bedingungen, wenn es uns gutgeht, sind wir meistens nicht besonders auffällig. Was das Licht aber für einen Christen bedeutet, zeigt sich unter Last. Wenn wir gebeugt werden (wie dieser Stab, den man knicken muss, damit er leuchtet), wenn wir unter Druck kommen und unser zerbrechliches Gefäß belastet wird, dann wird deutlich, dass Gott in uns wirksam werden will. Dann kommt sein Licht in uns zum Tragen. Dann leuchtet es in uns, aber eben nicht durch unsere Kraft, sondern es entsteht ohne unser Zutun. Dann entsteht Kraft, aber eine Kraft, die von Gott kommt und von ihm gewirkt ist. Nicht wir leuchten, sondern Sein Licht leuchtet in uns und macht unsere Dunkelheit hell. Und das geschieht: wirklich und wahrhaftig, durch Sein Wort, durch Seinen lebendigen Geist, durch Seine Gegenwart. Möge Sein Licht es auch in dieser Gemeinde hell machen in der kommenden Zeit. Amen.

Lydia - die Frau ist schlau!

Eine Faschingspredigt am Sonntag Sexagesimae über Apostelgeschichte 16,9-15

Ums Wort geht es, liebe Gemeinde, heut,
ums Wort, das in unsere Seelen gestreut,
wie's Jesus vergleicht mit dem Ackermann,
der nur auf dem Felde was ernten kann.
Denn hält sich das Wort auch noch so wacker -
fällt es nicht auf fruchtbaren Acker,
dann fressen's die Vögel, es bringt keine Frucht-
der Ackermann hat's dann umsonst versucht.
Vom Wort und wie es in uns wächst
handelt auch unser Predigttext.
Den möchte ich Euch zuerst erzählen,
bevor wir dann in die Tiefe gehen.

Der Paulus war mit seinen Getreuen
nach Troas gekommen und tat sich freuen,
weil mehr und mehr Menschen zu Christus fanden
und fest auch im Glauben zusammenstanden.
Doch eines Tages, um Mitternacht,
da ist der Paulus vom Schlafe erwacht
und sah im Geiste ganz deutlich und klar
einen Mann, der aus Mazedonien war.
Der rief: "Auf, Paulus, komm eilends hierher!
Wir brauchen die Gute Botschaft sehr!"
Für Paulus war klar: "Wir müssen dahin!
Nur so hat die Erscheinung Sinn!
Auf nach Europa! Was zögern wir noch?
In Mazedonien braucht man uns doch!
Die Apostel packten ihr Köfferlein
und schifften sich gleich nach Philippi ein,

eine schöne Stadt im mazedonischen Land
vor allem als röm`sche Kolonie bekannt.
Sie machten es dort sich erstmal gemütlich
gingen spazieren und erkundeten friedlich
die Stadt mit ihren vielen Gassen,
und den Bewohnern aller Rassen.
Das war ja nun alles recht gut und recht schön,
doch wie sollte es nun weitergehen?
Wie kann man so Fremden von Jesus erzählen,
den richtigen Ort und den Zeitpunkt wählen?
Da hörte der Paulus, er möge doch bitte
zum Fluss sich begeben, denn es sei so Sitte,
dass man dort draußen vor der Stadt
das Sabbatgebet zu verrichten hat.
"Au fein", denkt sich Paulus, "dort finden wir sie!
Kommt mit, ihr Apostel, da müssen wir hie!"
Und als sie kamen an diesen Ort,
da saßen Frauen, die trafen sich dort
und feierten Sabbat nach alter Sitte.
"Hallo, ihr Herren, kommt setzt euch doch bitte!
Wir sah'n Euch schon laufen in der Stadt -
erzählt, was Euer Kommen zu bedeuten hat!"
Da fingen die Männer an zu berichten,
erzählten von Jesus und seinen Geschichten,
wie ER Menschen heilte und nah ihnen war,
und wie er sie liebte, bis zum Kreuze sogar.
Sie sprachen vom Leben in seinem Licht
und auch davon, wie Gott durch ihn spricht,
und dass Jesus lebt, auch heute und hier
und dass er uns nahe ist, dir und auch mir.
Die Frauen am Fluss, die waren bewegt,
besonders Lydia war aufgeregt.

Lydia - sie stand mitten im Leben
und so schnell konnte sie nichts aus den Angeln heben.
Sie war eine Händlerin, reich und schön,
sie hatte alles und ließ gut es sich geh`n.
Doch Jesu Wort traf sie wie ein Pfeil,
in seiner Person sah auch sie ihr Heil
und sprach zu den Männern "Komm, tauft mich sogleich,
und wenn Ihr wollt, dann bewirte ich Euch!
Seid meine Gäste in meinem Haus!
Bleibt bei mir und ruht euch noch aus!"
Die Männer sahen recht froh sich an
und war`n dankbar für das, was Gott hier getan.
Hier hatte das Wort ein Herz angerührt
und zu einer Beziehung mit Gott hingeführt.

Drei Dinge sind es, liebe Gemeinde,
die ich hier ganz bemerkenswert finde.
Zum ersten ist ganz interessant,
wie Paulus den Weg nach Philippi fand.
Denn es genügte das kurze Erscheinen
des Mannes und die Apostel war‘n auf den Beinen.
Ein kleiner Satz, ein kurzes Wort,
wenn wir es hör'n am rechten Ort,
zur rechten Zeit, dann kann`s gescheh`n,
das wir Gott selbst am Wirken seh`n.
Auch Abraham brach auf ein Wort
des Herren auf und zog hinfort.
Ein Segensspruch zur rechten Zeit
macht dunkle Wege hell und weit.
Und wo wir noch im Dunkeln steh‘n
hilft Gottes Wort uns klarer seh‘n.
Auch Paulus hat in jener Nacht,

als er in Troas war, gedacht:
wie mag es jetzt wohl weitergehen?
Lässt er uns, wo wir sind, nun stehen?
Doch dann erschien ihm jener Mann
und spornte ihn zum Aufbruch an.
Gott zeigt, wo er uns braucht, und will
uns führen zu `nem guten Ziel.

Und zweitens find` ich interessant,
wie Paulus zu den Leuten fand.
Statt im Tempel rumzubummeln,
schaut er, wo sich die Menschen tummeln,
am Fluss sieht man sie schließlich steh'n
und mit Lydia nach Hause gehen.
Paulus hat's wohl schlau gemacht,
er hat nicht lange nachgedacht,
auf welche feinen, kühnen Reden
die Frau`n wohl reagieren täten
und wie er müsst' die Reden würzen,
um seine Hörer zu becircen.
Er ist ganz einfach hingegangen
und hat das Reden angefangen,
so wie ihm halt der Schnabel stand
und wie er es für richtig fand.
Gottes Wort sucht <u>unsern</u> Mund,
durch <u>unsern</u> Mund tut es sich kund.
Gott will dazu Mut uns machen,
das wir auch in Glaubenssachen
nicht nur für uns selber stehen,
sondern auch "zum Fluss" hingehen,
dorthin, wo es Menschen gibt,
die Gott ganz genauso liebt,

und die, wenn sie ihn dann kennen,
ihn dann auch gern "Vater" nennen.

Drittens, und ich komm zum Ende,
ist die wunderbare Wende,
die die Lydia erfährt,
noch `ne Überlegung wert.
Stimmt das wirklich, kann es sein,
dass auf dieses Wort allein,
ein Mensch wie du und ich gebaut,
nun ganz auf dieses Wort vertraut
und sein Leben gänzlich neu
und von Grund auf anders sei?
Oder ist vielleicht am Ende
diese ganze Lebenswende
nach nur einer kurzen Zeit
wieder schon Vergangenheit?
Lydia, ich frage dich:
hat Dein Leben, hat es sich,
so verändert, wie‘s hier steht?
Sag mir, wie es weitergeht!
Wenn die Apostel weiterzieh‘n,
musst du alleine weitergeh‘n!

Doch Lydia blieb nicht allein,
ihrer Freude heller Schein
steckte auch noch andre an,
und ein Anfang war getan,
und ich fürchte, ohne **ihr**
säßen wir heut` gar nicht hier!

Ja, und das gibt es auch noch heute

Auch heute gibt es viele Leute,
deren Leben ganz und gar
anders wurde, als es war.
Gottes Wort kann uns verändern,
sei es langsam oder schnell-
er legt es uns in die Hände,
macht die dunklen Stellen hell.
Jeden Tag ruft Gott aufs Neue
vergess ich ihn auch dann und wann,
wenn ich neu am Wort mich freue,
dann hält die Veränd`rung an.

Damit, Ihr Lieben, reicht es jetzt,
ich hab` genug geredet,
jetzt heißt's für mich: rasch hingesetzt
es wird wieder gebetet.
Nur eines noch zum Predigtschluss,
Ihr Herren und Ihr Damen,
das Wort, das immer kommen muss,
das sag ich jetzt noch: Amen.

Mensch, ärgere dich nicht!

Predigt am Sonntag Septuagesimae über Matthäus 9,9-13

Als Jesus durch die Stadt ging, sah er den Zolleinnehmer Matthäus am Zoll sitzen. Jesus forderte ihn auf: "Komm, geh mit mir!" Sofort stand Matthäus auf und folgte ihm.
Später war Jesus mit seinen Jüngern bei Matthäus zu Gast. Matthäus hatte viele Zolleinnehmer eingeladen und andere Leute mit schlechtem Ruf.
"Weshalb gibt sich euer Lehrer mit solchem Gesindel ab?", fragten die Pharisäer seine Jünger.
Jesus hörte das und antwortete: "Die Gesunden brauchen keinen Arzt, sondern die Kranken! Begreift doch endlich, was Gott meint, wenn er sagt: 'Nicht auf eure Opfer oder Gaben kommt es mir an, sondern darauf, dass ihr barmherzig seid. Ich bin gekommen, um Menschen in die Gemeinschaft mit Gott zu rufen, die ohne ihn leben - und nicht solche, die sich sowieso an seine Gebote halten."

Mensch ärgere dich nicht – das möchte man den Pharisäern gerne zurufen, nachdem sie den Ort der geschilderten Auseinandersetzung mit Jesus verlassen haben. Gleichsam exemplarisch, wie eben auf einem Spielbrett, findet diese Auseinandersetzung statt; die einzelnen Figuren sind markant gezeichnet: Jesus, der Zöllner, die Sünder, die Pharisäer. Sie mussten sich von Jesus die Spielregeln erklären lassen, obwohl sie eigentlich meinten, die Regeln des Spiels aufs Genaueste zu kennen.

Im Folgenden möchte ich versuchen, die Figuren auf dem Spielbrett näher zu betrachten.

Die Pharisäer

Jeder von uns, der schon einmal Mensch-ärgere-dich nicht gespielt hat, kennt das: es gibt immer einen, der andere raushaut und sich tierisch darüber freut. Immer, wenn er es braucht, hat er die sechs und darf nochmal ziehen; wenn man ihn erwischen will, entwischt er einem im letzten Moment und rettet sich ins Häuschen. Solche Spieler sind schon bald die meistgehassten, ja, es macht richtig Spaß, auf solche Leute eine Hatz zu veranstalten, damit nur ja auch mal eine von seinen Figuren wieder ins Depot wandern muss.

So ungefähr sieht die Rolle der Pharisäer in der Christentumsgeschichte aus. Sie geben eine herrliche Negativfolie ab für die starken Worte, die Jesus immer wieder sagt. Sie sind die Gesunden, die den Arzt nicht brauchen. Sie sind es, gegen die Jesus seine Wehe-Rufe schleudert, die den Kürzeren ziehen müssen, wenn sie sich auf ein Streitgespräch mit Jesus einlassen. Die Pharisäer sind die Buhmänner des neuen Testaments und werden letztlich auch dafür verantwortlich gemacht, dass Jesus sterben muss.

Aber man tut den Pharisäern arges Unrecht, wenn man sie nur als die Bösewichte der Bibel darstellt. Man kann Matthäus seine Sicht der Pharisäer nicht verübeln, schließlich haben die ersten Christen, erst recht die Judenchristen, für die Matthäus sein Evangelium aufgeschrieben hat, keine guten Erfahrungen mit den Pharisäern machen dürfen. Auch Saulus, der ein schlimmer Christenhasser war, ist ein Pharisäer gewesen.

Aber die Pharisäer waren nicht irgendwelche Fanatiker. Sondern es waren rechtschaffene Menschen, Handwerker, Kaufleute, Menschen aus dem Volk, die ein ernsthaftes Interesse an dem Wort Gottes hatten und die ihre ganze Freizeit, ihr ganzes Leben dafür einsetzten, um Gott näher zu kommen. Ihre Frage an die Jünger, wie Jesus sich mit den Zöllnern und Sündern an einen Tisch setzen kann, ist keine hämische oder hochnäsige, sondern eine ernste Frage gewesen. Denn schließlich hatten diese Menschen das Heiligste mit Füßen getreten, was es gab, nämlich das Gesetz Gottes! Kämen wir auf die Idee, einen Polizisten als fanatischen Gesetzeshüter zu verunglimpfen, weil sie die drei Panzerknacker verhaften und fragen: Hey, warum knackt ihr eigentlich Tresore, obwohl ihr doch wisst, dass es Diebstahl ist?

Das Problem sind nicht die Pharisäer. Die Pharisäer waren davon überzeugt, dass der Messias dann kommen würde, wenn sich alle Juden einen Tag lang, wenigstens einen Tag lang an die Gebote Gottes halten würden. Das wollten die Pharisäer! Sie wollten den Messias sehen! Sie wollten ihr Volk retten und davor bewahren, dass die Menschen wieder und wieder von Gott abfallen und seinen Willen missachten, und wer mit den Sündern und Zöllnern an einem Tisch saß, hatte aufs neue die Möglichkeit verspielt, dass der Messias endlich kommen kann. Das Problem sind nicht die Pharisäer, sondern das Problem sind die Menschen, die sich um den Willen Gottes nicht scheren, sondern die auf Kosten der Anderen die Welt in den Ruin treiben. Und so gesehen täte es uns heutigen ganz gut, wenn es ein paar Pharisäer mehr gäbe auf unserer Welt, die nach dem Willen Gottes fragen, die denen auf die Finger klopfen, für die nur der maximale Gewinn zählt und die sich um Arbeitsplätze und Raubbau an der Umwelt herzlich wenig kümmern. Wir hätten vielleicht keine Wirtschaftskrise, wenn wir ein paar Pharisäer unter uns hätten. Nicht die Gesunden sind das Problem, sondern die Kranken – die sollten uns Sorgen machen.

Die Zöllner und die Sünder

Mit den Außenstehenden kann man sich recht gut identifizieren. Es sind die Armen, die Verlierertypen. Das sind die Leute, die bei Mensch-ärgere-dich-nicht immer geschmissen werden, die das Pech magisch anzuziehen verstehen. Arme Würstchen, denen das Schicksal übel mitspielt und die einfach keinen Platz an der Sonne im Leben bekommen.

Mit solchen Menschen habe ich vor Beginn meines Studiums ein Jahr zusammengelebt, in einem Wohnheim für ehemals obdachlose Männer in der Nähe von Weilheim in Oberbayern. Da gab es arme Würstchen, vom Leben benachteiligte Kerle und schwere Jungs. Manche hatten mehrere Jahre ihres Lebens in Gefängnissen verbracht, viele hatten Pech mit den Frauen, nahezu alle ein Alkoholproblem. Männer wie diese passen gut in das Bild der Sünder, die Jesus von den Hecken und Zäunen zu sich rufen möchte. Mit solchen Sündern kann man sich gut identifizieren; sie tun einem leid - und sind wir in diesem Sinnen nicht alle „arme, kleine Würstchen", wie es in einem Schlager heißt? Träumen wir nicht irgendwie alle von der Sonnenseite, vom großen Glück?

Aber: so einfach ist es nicht. Ein armes Würstchen zu sein, im Spiel des Lebens von den anderen rausgekickt zu werden, nicht zum Zuge kommen zu können: das alles macht noch keinen Sünder. Hätte man die Männer in dem Wohnheim damals befragt, ob sie sich schuldig fühlten, hätten es die meisten wohl strikt verneint. Opfer: ja, das schon! Aber schuldig?

Jesus hat sich den Zöllnern und Sündern nicht aus Mitleid zugewandt: die Armen, um die sich sonst keiner kümmert oder für die sich sonst keiner interessiert. Was Jesus hier tut, ist kein mildtätiger Akt, weder seinen Tischgenossen noch dem Zöllner Matthäus gegenüber. Mitleid ist in diesem Zusammenhang sogar unangebracht! Denn was ist mit den Zöllnern, für die man kein Mitleid empfinden kann, für die Ackermanns und von Pierers und wie sie alle heißen, die sich am Geld derer bereichert haben, die sie in den Ruin gerissen haben? Die sich auf Kosten der anderen einen Platz an der Sonne gesichert haben?

Um Mitleid kann es nicht gehen. Das ist wichtig, auch im Hinblick auf die eigene Position auf diesem Spielfeld. Wo stehe *ich* gerade? Bin ich im Häuschen oder unterwegs, schmeiße ich andere raus, oder profitiere ich nur davon, dass andere diesen Job für mich erledigen und das Feld freier ist?

Was ist dann das Kriterium?

Zu Beginn des Predigttextes erhalten wir einen Hinweis: Jesus beruft den Matthäus mit knappen Worten: „Folge mir!“. Das heißt: Jesus braucht Menschen, die ihm nachfolgen. Er sagt nicht: „Du armer kleiner Zöllner – wie übel haben dir alle mitgespielt. Du tust mir leid. Möchtest du nicht mit mir kommen, damit ich für dich sorgen kann?“ – Nein: Jesus fragt nicht, er befiehlt. „Folge mir.“ Natürlich richtet sich Jesus dabei zuallererst an die Schwachen, die Abseitigen. Aber unsere Denkkategorien von Mitleid und Mitschuld, in denen wir die Täter von den Opfern trennen, sind bei ihm aufgehoben. Es gilt alleine der Ruf in die Nachfolge. Ich denke, nicht nur für die eigene

Positionierung, sondern auch für meinen Umgang mit den anderen ist dieses Verhalten Jesu wichtig.

Die Starken und die Kranken

Schauen wir noch einmal auf die Starken und die Kranken, von denen Jesus hier spricht. „Die Gesunden brauchen den Arzt nicht, sondern die Kranken." In diesem Satz, der so logisch klingt, ist der eigentliche Sprengsatz verborgen, der in der Botschaft von Jesus steckt.

Jesus redet zunächst von den Gesunden. Die Gesunden: das sind die Pharisäer. Die Gesunden haben einen gesunden Menschenverstand. Sie sehen, dass eine Gesellschaft auf die Dauer nicht funktionieren kann, wenn sie ständig den Willen Gottes missachtet, wenn wenige Reiche auf Kosten vieler Armer leben, wenn das Recht gebeugt und mit Füßen getreten wird. Die Gesunden haben ein gesundes Unrechtsbewusstsein. Sie wissen, dass eine Bank eigentlich nicht Millionenhilfen vom Staat einstreichen darf und dann ihre Manager, die den Karren in den Dreck gefahren haben, großzügig abfindet. Die Gesunden haben auch einen gesunde Wut im Bauch, wenn sie zusehen müssen, wie eine Firma nach der nächsten pleite geht, Menschen ihren Job verlieren, weil einige wenige Menschen – im Verhältnis dazu sind es wenige – gierig waren, ihre Arbeit schlecht gemacht haben, den Hals nicht voll kriegen konnten. All das sind gesunde Empfindungen!

Und nun erleben wir aber auch den krassen Gegensatz. Wir sehen einen ganzen Haufen kranker Dinge: schreiendes Unrecht, bodenlose Ungerechtigkeiten, Unverschämtheiten und Lügen. Da wird gespitzelt und betrogen, geschachert und verschleiert, was das Zeug hält. Nicht der Gesunde gewinnt, sondern der Kranke.

Und wer jetzt sagt, dass wir doch in einer verkehrten und verkommenen Welt leben heutzutage (das höre ich bei vielen Besuchen), dem gebe ich recht und muss doch gleichzeitig sagen: neu ist das nicht! Denn sonst hätten wir keinen Jesus von Nazareth gebraucht, keinen der sagt: die Gesunden brauchen keinen Arzt. Der Arzt ist da, weil es Krankheit gibt! Und wo es viel Krankheit gibt, braucht man den Arzt umso nötiger. Krankheit wird nicht dadurch geheilt, dass die Gesunden sie diagnostizieren, dass sie ihre Ursachen erkennen oder die Verantwortlichen benennen können. Das alles ist wichtig und richtig – aber Heilung geschieht dadurch nicht. Zum Heilen braucht es den Arzt. Jesus setzt sich ganz bewusst mitten unter die Kranken. Er geht mitten hinein in eine kranke und gebeutelte Welt, lässt sich bespitzeln und betrügen, verschachern und verschleiern, denn nur so kommt er an die Spitzel und Betrüger, an die Schacherer und Verschleierer heran, an die Menschen, die er heilen will. Wer mit Jesus gehen will und in seine Nachfolge gerufen wird, der kommt daran nicht vorbei. Der wird sich mit der Rolle des Pharisäers nicht zufrieden geben, sondern der muss dahin, wo es weh tut. Deswegen hatten die Glaubensgeschwister, die stark im Glauben waren, Jesus zuallererst als ihren Arzt erlebt, der ihnen durch das Leid nahegekommen ist-

Die Sünder und die Gerechten

„Ich bin gekommen, die Sünder zu rufen, und nicht die Gerechten."

Wir erfahren aus diesem Ausspruch Jesu, dass es Menschen geben könnte, die Jesus nicht zu sich ruft. Man hat in den Pharisäern und Schriftgelehrten mitunter solche Menschen gesehen: Gerechte, denen der Ruf Jesu nicht gilt. Dass sie es nicht sind, beweist das AT-Zitat, das Jesus den Schriftgelehrten vorhält: „Ich habe Wohlgefallen an Barmherzigkeit und nicht am Opfer." Die Pharisäer sind nicht die Zuschauer am Spielfeldrand – sie sind vielmehr mittendrin im Geschehen und müssen sich von Jesus sogar die Spielregel erklären lassen: Lernt erst einmal, was das heißt!

Jesu erklärtes Ziel ist also, den Sünder durch den Ruf in die Nachfolge wieder ins Spiel zu bringen. Und das heißt: ich muss raus aus meiner Opferrolle – mit einem Opfer kann Gott nichts anfangen, heißt es im Text. Dort ist stattdessen von Barmherzigkeit die Rede. Das lateinische Wort dafür heißt „misericordias", es bedeutet wörtlich übersetzt: ein Herz für die Armen haben. Der Barmherzige gibt etwas von sich weg, er verzichtet: auf seine Ansprüche, auf das, was ihm zusteht. Das unterscheidet die Barmherzigkeit vom „Mitleid", das leicht zum Selbst-mitleid werden kann.

Das heißt konkret: Jesu Ruf an die Sünder ist eine Aufforderung, aus der Opferrolle auszusteigen. Es ist auch der Ruf aus den Mechanismen des Selbstmitleids, die wir nur allzu gut kennen: indem wir unsere Kindheit oder unsere Eltern, unseren Partner oder unseren Chef für die Miseren unseres Lebens verantwortlich machen. Barmherzigkeit lernen heißt: lernen, von sich absehen zu können. Nicht die Umstände oder meine Mitmenschen oder den lieben Gott verantwortlich zu machen dafür, dass ich im Spiel des Lebens nicht so gut dastehe wie vielleicht andere.

Der Ruf von Jesus Christus ergeht an die Schwachen, die Sünder. Dort wird seine Kraft mächtig. Ich habe mich vor einiger Zeit mit einem Freund über Glaubenserfahrungen unterhalten; wir stellten beide fest: wenn wir uns vor allem unter Christen, Gläubigen – „Gerechten" aufhalten, ist das zwar ganz schön, aber es passiert nicht viel; ja, der Glaube kann fast ein wenig verkümmern. In einem Umfeld aber, wo es viel Schwäche gibt: Glaubensanfechtungen, Zweifel, Spott: da geht es richtig zur Sache, was Glaubenserfahrungen angeht. Gerechtwerdungsversuche mögen dazu führen, dass man gerechter wird – aber sie führen letztlich von Jesus fort. Paulus hat das alles später sehr genau erkannt und am eigenen Leib erfahren. Deshalb konnte er sich auch so vehement gegen Tendenzen wehren, aus eigenem Bestreben ein „Gerechter" zu werden.

Mensch, ärgere dich nicht, ob Du nun ein Pharisäer bist oder ein Zöllner, eine Sünderin oder eine Gerechter, ein Gesunder oder ein Kranker. Ärgere dich nicht über so manchen Rückschlag, so manche Niederlage, ärgere dich nicht über deine Schwächen: mögest Du dort die Macht unseres Gottes am deutlichsten spüren. Amen.

Gespräch mit einer Schlange

Gottesdienst zum Sonntag Invokavit über 1.Mose 3

Nachdem die Geschichte vom Sündenfall Grundlage dieser Predigt ist, freue ich mich, Ihnen mitteilen zu können, dass es gelungen ist, einen prominenten Experten für diese Unterhaltung gewinnen zu können. Es handelt sich um eine direkte Nachfahrin der Schlange aus der biblischen Geschichte, die sich bereiterklärt hat, heute mit uns über die Geschehnisse von damals zu sprechen.

Ja, liebe Schlange, schön, dass Sie heute da sind! Die Geschehnisse von damals haben ja Nachwirkungen bis auf den heutigen Tag...

S: Das kann man wohl sagen, ja! Ohne diese Sache würde ich wohl gar nicht kriechen, und man würde mir wohl auch nicht nachsagen, dass ich „listig" sei....

Vielleicht kannst Du für unsere Gemeindeglieder kurz die dramatischen Ereignisse an jenem Tag im Paradies aus Deiner Sicht schildern – sie haben sich ja sozusagen in das kollektive Gedächtnis aller Schlangen eingegraben.

S: Nun, es war zunächst kein besonderer Tag. Ich hatte mich ja schon ein paar Mal mit Eva unterhalten und wusste, dass die beiden auf den Baum der Erkenntnis ein Auge geworfen hatten. Menschen sind nun mal neugierig. Insofern fiel es mir nicht schwer, sie eines Tages darauf anzusprechen.

Warum eigentlich Eva und nicht Adam?

S: Also, das Problem, mit einem Mann zu reden, hat es damals schon gegeben. Wenn es wichtige Dinge zu besprechen gibt, dann tut man das am besten mit der Frau.

Man bezeichnet Dich ja oft als ein „listiges“ Tier, und zwar aufgrund dieser Geschichte. Kannst Du diesen Vorwurf nachvollziehen?

S: Nicht im geringsten! Was habe ich denn, bitteschön, Falsches getan? Aus meiner Sicht stellte sich das Geschehen nämlich so dar: Ich habe lediglich darauf hingewiesen, dass man beim Genuss der Früchte dieses Baumes klug wird, so wie Gott. Und ist es nicht so gewesen? Na also!

Aber Adam und Eva mussten dann den Garten verlassen, nachdem sie von den Früchten gekostet hatten....

S: Na und? Ich habe nur die Informationen weitergegeben, für den Rest bin ich nicht verantwortlich. Von wegen „Verführung“! Die beiden hätten ja nicht auf mich hören müssen! Für das, was passiert ist, lehne ich jede Mitverantwortung ab.

Ich würde gerne auf ein paar einzelne Aspekte dieser spektakulären Geschichte zu sprechen kommen. Wie siehst Du das Verhältnis zwischen Gott und den Menschen seit dieser Geschichte?

Nach der Geschichte war das Verhältnis glücklicherweise schon ziemlich gestört. Gott hat sich zwar leider weiterhin um die beiden gekümmert – hat sie mit Kleidung versorgt und so weiter: aber so wie vorher war es auf keinen Fall. Die waren jetzt mehr auf sich allein gestellt. Und das war es ja, was ich eigentlich wollte: Die Menschen sollten erkennen, dass sie ihre eigenen Herren sind, dass sie ihr Leben selbst in die Hand nehmen können. Die Menschen haben lange gebraucht, um das zu kapieren. Heute sind sie endlich soweit, die meisten jedenfalls.

Das bringt uns zur Frage, Schlange, wie es um Dein Verhältnis zu Gott und zur Wahrheit steht.

„Was ist Wahrheit?“ – das hat schon Pilatus in der Bibel gefragt. Wahrheit ist ein relativer Begriff! Ich persönlich plädiere dafür, dass wir den Begriff der „Wahrheit“ etwas geschmeidiger verwenden sollten. Wahrheit ist situationsabhängig. Zum Beispiel Adam: als Gott ihn fragte, warum er vom Baum gegessen hat, dann hätte er ja wahrheitsgemäß sagen können: weil ich es wollte! Denn wenn er nicht gewollt hätte, hätte er es ja nicht getan! Klugerweise hat er aber gesagt: ich habe es getan, weil Eva mich dazu angestiftet hat. Das ist situationsgemäße Wahrheitsauslegung! Eva hat es genauso gemacht, und es war Pech für die arme Schlange: denn die konnte nun im Augenblick keine so geschmeidige Antwort geben.
Heutzutage ist die situationsgemäße Auslegung der Wahrheit kein Problem mehr, sondern eine gängige Umgangsform. Ein Beispiel: Schon auf die Frage „Wie geht's Dir?“ kann die Antwort „gut!“ situationsgemäß wahr sein, auch wenn es einem hundsmiserabel geht. Sie ist dann wahr, wenn schon auf die Frage nach dem Ergehen keine ehrliche Antwort erwartet wird. Denn die ganze Wahrheit wäre viel zu kompliziert und zu komplex, als dass der einfache Mensch sie verstehen könnte. Insofern hat der Genuss von den Früchten des Baumes der Erkenntnis genau das gebracht, was er bringen sollte: er hat den Menschen die Fähigkeit zur Lüge gegeben.

In diesem Punkt, Schlange, kann ich dir nicht zustimmen. Sollte der Genuss dieser Früchte den Menschen nicht fähig machen, Gutes und Böses zu unterscheiden?

S: Aber genau das ist ja geschehen! Der Mensch kann unterscheiden zwischen Gut und Böse, aber ich, die Schlange, habe ihm gezeigt, wie er diesen Unterschied verwischen kann. Ja, das ist mein Verdienst! Nenne es Sündenfall: ich nenne es die wahre Kunst des Menschseins: die Kunst der Lüge und der Verstellung. Und wie die Geschichte gezeigt hat, waren Adam und Eva gute Schüler dieser Kunst und sind es bis heute geblieben.

Also stecken wir alle noch mittendrin in der Lüge und Verstrickung von damals? Mein zweiter Gast sieht das wahrscheinlich etwas anders. Er kennt dich ziemlich gut, Schlange, und er sagt: Die Schlange sagt nur die halbe Wahrheit! Begrüßen Sie mit mir: den Apostel Paulus.

P.: Schönen guten Tag!

Paulus, die Schlange hat uns gerade ihre Version der Sündenfallgeschichte erzählt und mit einigen Aussagen auch wunde Punkte getroffen....

P: Die Kunst der Schlange – ich kenne sie gut – besteht gerade darin, wahre Aussagen mit unwahren zu vermischen. Sie bringt gerne durcheinander und verwirrt mit ihren Worten. Es stimmt natürlich schon: Die Verlockung, so zu sein wie Gott, alles zu wissen und alles zu wollen: das steckt tief in uns drin. Ich nenne es „Sünde". Ins Paradies kommen wir nicht mehr zurück. Wir haben von dem Apfel gekostet, und das ist nicht mehr rückgängig zu machen. Der Tod, den Gott uns angedroht hat: er ist Realität geworden. Aber: die Schlange hat doch eines verschwiegen: die Sache mit Jesus nämlich.

Die Sache mit Jesus?

P: Jesus hat sich doch als der verstanden, der das Verhältnis zwischen Gott und Menschen wieder in Ordnung bringen wollte. „Blinde können sehen und Lahme können gehen und Armen wird das Evangelium verkündigt." So hat er sich ausgedrückt.

S: Glücklicherweise sind nicht viele Menschen darauf reingefallen.

Aber viele Menschen bezeichnen sich doch als Christen und glauben an Jesus!

S: Das mag schon sein! Aber wir Schlangen wissen es besser! Wir wissen, dass viele Menschen im Grunde ihres Herzens keinen anderen Herren haben wollen als sich selbst! Und deshalb leben sie so, als ob es Gott nicht gäbe. Sie fragen nicht danach, ob ihr Leben gottgefällig ist, sondern ob Gott in ihren Lebensentwurf passt. Da sind wir Schlangen tatsächlich klüger: denn wir wissen, dass es Gott gibt. Das großzügige Angebot Gottes, das er mit Jesus gemacht hat, wird meiner Beobachtung nach relativ wenig genutzt.

P: Jesus selbst hat niemanden dazu gezwungen, dieses Angebot anzunehmen. Er war sich nicht zu schade, sogar für die Menschen zu sterben, die gar nichts von ihm wissen wollten! Ich habe es einmal den Philippern so geschrieben: Obwohl er doch ein König war und alle Macht der Welt besaß, war er sich nicht zu schade, den Weg in den allergrößten Dreck zu gehen, sich so klein zu machen am Kreuz. Und ob ich nun lüge oder die Wahrheit sage, ob ich daran glaube oder nicht: Gott hat sich längst für mich entschieden. Nichts kann mich trennen von seiner Liebe zu mir.
Aber wie kann Jesus etwas für mich tun in diesem Gebilde aus Verschleierung, Lüge und Halbwahrheiten?

Das Spiel aus der Geschichte mit dem Sündenfall würde immer weitergehen: jeder wälzt die eigene Schuld auf den anderen ab. Die Spirale des Unfriedens und des Misstrauens würde sich immer weiter drehen. Jeder könnte sorglos seine Lügen und Halbwahrheiten verbreiten – im Notfall wird sich schon ein Schuldiger finden!

Jesus hat diesen Kreislauf, diese Spirale durchbrochen. „Auf ihm liegt alle Schuld, damit wir Frieden hätten“. Er ist Gottes Angebot im Sündenfall, den wir täglich neu erfinden. Und wie kann ich dieses Angebot annehmen?
Ich habe es mal in einem meiner Briefe so ausgedrückt: man muss – wie die Schlange – seine alte Haut abstreifen und Jesus Christus anziehen, und das jeden Tag aufs Neue. Morgens an ihn denken und abends auch. Das, was in der Taufe einmal passiert ist – das Ausziehen der alten Haut und das

Abwaschen des Schmutzes – ebendas muss Gott jeden Tag neu mit uns tun. Ich muss nur „ja“ sagen dazu, weiter nichts! Die wahre Kunst des Menschseins liegt dann nicht in der Lüge, sondern in der Wahrheit, die manchmal schmerzt. Sie liegt nicht in der Verstellung, sondern in Aufrichtigkeit, auch wenn sie manchmal aneckt. Die Kunst des Menschseins liegt darin: sich Gott voll und ganz anvertrauen zu können, im Vertrauen auf ihn seinen Weg zu gehen.

Paulus, wir danken dir für dieses Gespräch. Ich gebe dir das Schlusswort.

So grüße ich Euch mit den Schlussworten an die Gemeinde in Korinth: Die Gnade unseres Herrn Jesus Christus und die Liebe Gottes und die Gemeinschaft des Heiligen Geistes sei mit euch allen. Amen.

Reden wir mal von Abraham!

Predigt am Sonntag Reminiscere über Hebräer 11,8-10

Hebräerbrief, Kapitel 11, Vers 8 in der Übersetzung der „Volxbibel":
Reden wir mal vom Abraham. Weil er Gott hundert Prozent vertraute, gehorchte Abraham ihm aufs Wort, als der ihm sagte, er sollte seine Heimat verlassen und in ein anderes Land umziehen. Gott sagte sogar, er sollte dieses neue Land dann mal irgendwann erben. Abraham zog los ohne einen blassen Schimmer, was nun passieren würde.

Reden wir mal von Abraham. Sein Weg mit Gott beginnt mit dem Gehorsam gegen Gott und seinen Auftrag: Mach Dich auf den Weg! Abraham gehorcht. Das beschreibt der Hebräerbrief ziemlich lapidar. Abraham gehorcht, das heißt aber: er entscheidet sich dafür, Gott ganz und gar zu vertrauen wie ein Blinder, der nichts anderes hat zur Orientierung als einen Faden, an dem er sich Schritt für Schritt entlangtasten muss. Das Wagnis geht er ein, weil er gehorcht. Vielleicht hat es ihm nicht gepasst. Vielleicht hätte er auch etwas Besseres vorgehabt, vielleicht hätte es seiner Meinung nach eine viel günstigere Möglichkeit gegeben. Möglicherweise wäre er auch gerne geblieben. Gehorsam heißt: Etwas tun, weil Gott es so will, egal ob es mir gerade passt oder nicht.

Reden wir mal von uns. Ich denke, die wenigsten von uns lassen uns gerne etwas vorschreiben. Gehorchen ist etwas für Kinder und Konfis. Ab 18 brauchen wir nicht mehr gehorchen, sofern wir uns einigermaßen gesetzeskonform verhalten. Und so fällt es den meisten von uns bestimmt schwer, eine Situation zu erinnern, wo wir das letzte Mal gehorchen mussten.

Gehorchen – das kommt von hören. Hören und Gehorsam haben miteinander zu tun. Wer nicht mehr kommandiert, bestimmt, ansagt oder den Ton angibt, sondern zuhört – der ist gehorsam. Das gilt auch in meinem Verhältnis zu Gott. Wir kommen immer wieder in Situationen, wo uns die Worte fehlen, wo wir verstummen. Da klingen unsere Erklärungen und Ratschläge oft schal, und es ist besser, zu schweigen. Manchmal können und sollen wir nur hören, genau hinhören und damit gehorchen. Das gilt auch, wenn wir eine schwierige Entscheidung zu fällen haben, von der wir nicht wissen, ob sie richtig oder falsch ist. Kann ich diesen Mann oder diese Frau heiraten, wird es ein Leben lang halten? Soll ich diesen Beruf lernen, werde ich damit einmal mich und eine Familie ernähren können? Sollen wir ein Haus bauen, können wir uns das leisten mit den ganzen Schulden? Gehorsam heißt: dem roten Faden folgen und daran festhalten. Sich entscheiden und dann nicht loslassen, sondern dranbleiben, damit ich die Erfahrung machen kann, dass mich dieses Vertrauen, dieser rote Faden weiterführt, ins Leben hinein. Ich greife nicht ins Leere, sondern ich habe etwas in der Hand, auch wenn ich noch nicht sehe, wohin es führt.

Abraham zog los ohne einen blassen Schimmer, was nun passieren würde. Der rote Faden ist ein roter Faden. Nichts weiter. Er ist für sich genommen noch nicht der Stein der Weisen. Nur weil ich gehorche, bin ich deshalb noch nicht schlauer. Gott will, dass ich ihm vertraue, auch wenn ich keinen blassen Schimmer von seinen Plänen habe. Gehorsam und Vertrauen gehen Hand in Hand. Es ist die Haltung des Petrus, die uns hier aufgegeben wird, wenn er am See Genezareth steht und zu Jesus sagt: Ich habe den ganzen Tag gefischt und nichts gefangen – aber weil du es sagst, werde ich noch einmal hinausgehen! Das ist eine Lebenshaltung und eine innere Einstellung, die uns auf Gott hin ausrichtet und die heilsam für unsere Seele ist. Wenn ich sage: ich bin gerade in großer Not, körperlich oder seelisch. Ich sehe nicht, dass sich daran etwas ändert. Ich weiß nicht, wohin es führt. Aber ich will dir, Gott, es anvertrauen und es dir überlassen, wohin du mich führen willst. Ich sehe die große Katastrophen und die schlimmen Bilder aus der Welt, jeden Tag, und ich habe keine Erklärung dafür – aber ich möchte es dir anvertrauen und dir überlassen, Gott, in der Fürbitte.

Reden wir mal von Abraham. Hebräer 11, Vers 9:

Als er in diesem Land, was Gott ihm versprochen hatte, angekommen war, vertraute er darauf, dass Gott ihn versorgen würde.

Abraham war angekommen. Gott hatte ihn nicht enttäuscht. Es gab allen Grund, danke zu sagen, denn er war in das Land gekommen, das Gott ihm versprochen hatte. Der Faden war nicht abgerissen. Nun galt es, nicht loszulassen, nicht im ersten Überschwang zu sagen: „Danke Gott, das war sehr nett von dir, dass Du mich da begleitet hast. Aber jetzt genügt es vorerst mal, ich komme jetzt alleine klar! Wenn ich dich wieder brauche, dann rufe ich Dich!" Jetzt hieß es: Dranbleiben und weiter vertrauen, dass Gott den Abraham versorgen würde. Denn betrachten wir es mal ganz realistisch: Abraham war ein Fremder unter Fremden, der nichts hatte außer ein paar Ziegen und einem Zelt.

Reden wir mal von uns. Es gibt zunächst ganz viele Gründe, immer wieder danke zu sagen! Bei Besuchen zum Geburtstag höre ich es immer wieder: wir können so dankbar sein, dass es uns gut geht, dass wir gut versorgt sind, dass wir keine Angst haben müssen vor Hunger, Kälte, Obdachlosigkeit. Wir leben nach wie vor in einem privilegierten Teil der Welt und können von dem Überfluss, den wir haben, noch vieles abgeben, ohne dadurch in Not leben zu müssen. Gott versorgt die Seinen – und wird sie weiterhin versorgen - mit allem, was sie brauchen, und noch mit vielem mehr!

Jetzt heißt es: Dranbleiben am „roten Faden" des Vertrauens. Solange wir auch als Gemeinde Jesu Christi alle an einem Strang ziehen, werden wir geführt. Wo wir uns davon lösen, wo wir meinen, wir kämen auch ganz gut alleine zurecht oder wo wir unsere eigenen Fäden spinnen – da entsteht ein Netz aus Eitelkeiten und Eifersüchteleien, in dem wir uns ziemlich schnell verheddern.

Reden wir mal von Abraham. Abraham ist drangeblieben. Denn er wusste: *Er war dort ja ein Ausländer und wohnte in einem Zelt, genauso wie Isaak und Jakob, für die dasselbe Versprechen galt.*

Das Zelt ist das klassische Symbol für die Wanderschaft. Es steht für das Vorübergehende, für das Unfertige. Das Zelt bietet Schutz, aber nicht auf Dauer. Abraham war ein Nomade, ein umherziehender Wanderer. Sein Zelt

stand nirgendwo besonders lange. So ist das Zelt immer auch ein Symbol für den Aufbruch und für das Abschiednehmen.
Reden wir mal von uns. Dem roten Faden folgen, also Gott ganz und gar zu vertrauen, das heißt: es sich nicht zu bequem einrichten in unseren Verhältnissen, auch wenn es gerade noch so schön ist, auch wenn es gerade noch so gut läuft. Es wird nicht immer schön bleiben. Auch unter Christinnen und Christen gibt es immer wieder Konflikte, Enttäuschungen und Dinge, die schief laufen. Und ich glaube, die gibt es, damit wir es uns nicht allzu kuschlig einrichten. Wer sich eingekuschelt hat, läuft nicht gerne weiter, sondern bleibt lieber da. Er kann dem roten Faden nicht mehr folgen. Deswegen sind Abschiede notwendig. Abschiede von liebgewordenen Vorstellungen, von alten Gewohnheiten, von eingefahrenen Verhaltensweisen. Solche Abschiede tun weh. Wer fängt schon gerne immer wieder neu an, lässt sich in Frage stellen, muss sich neu orientieren? Das gilt auch und gerade gesellschaftlich. Die Diskussion um unsere Energiepolitik, die ja nach den Ereignissen in Japan schon begonnen hat, ist schmerzvoll, weil es bedeutet, dass wir uns von einem sehr bequemen Weg der Energieerzeugung verabschieden müssen. Neue Wege müssen beschritten werden, und es warten viele unbekannte und ungelöste Fragen auf uns. Aber diese Diskussion ist überfällig und dringend notwendig. In einem bekannten Kirchenlied heißt es: wer aufbricht, der kann hoffen in Zeit und Ewigkeit. Der Aufbruch führt dorthin, wo Gott uns haben will. Er führt uns als Aufbrechende in ein neues Land, auch wenn wir wie Abraham keinen Schimmer haben, wo es hinführt. Was wir haben, ist der rote Faden: Unser Vertrauen auf den Gott, der gerade an den Wendepunkten unseres Lebens, bei Aufbrüchen, Umbrüchen, Zusammenbrüchen fest an unserer Seite steht, an dem wir uns festhalten und dem wir vertrauen können.

Reden wir noch einmal von Abraham. Hebräer 11, Vers 10:
Abraham vertraute darauf, von seiner provisorischen Wohnung in ein richtiges Haus in einer richtigen Stadt mit einem festen Fundament umzuziehen, einer Stadt, die Gott selbst geplant und gebaut hatte.

Was kommt da auf uns zu? Der Hebräerbrief sagt: Abraham vertraute darauf, dass die Wanderschaft eines Tages ein Ende haben würde. Er würde eines Tages angekommen sein, ein Zuhause haben. Der rote Faden seines Lebens hätte ihn ans Ziel geführt.

Ich finde es sehr wichtig zu wissen, dass dieser Faden eine Richtung und ein Ziel hat. Das unterscheidet den Glaubensgehorsam vom blinden bzw. vom Kadavergehorsam. Unser Weg endet in der Stadt Gottes, in seinem Haus, von ihm gebaut. Dieses Haus, und das sollten wir ganz klar sagen, steht nicht hier, sondern in Seiner Welt. Und genau dorthin wird uns der rote Faden, wird uns unser Vertrauen führen. Was uns in diesem Haus erwartet, wenn wir eintreten und wie es aussieht, das weiß keiner von uns. Aber dass es dasteht, hat Gott uns versprochen. Es ist das Haus, das Gott selbst geplant und gebaut hat. In allem Unbeständigen, das wir gerade in diesen Tagen erleben, ist das Haus Gottes und ist der Glaube an Ihn unsere Sicherheit und feste Zuversicht. Bis dahin ist alles Provisorium, nichts für die Ewigkeit. Auch das ist manchmal schwer auszuhalten: nichts sicher zu haben und nichts sicher zu wissen. Was wir haben, bleibt der rote Faden unseres Glaubens, der uns zu Gott führt. An ihn sollen wir uns halten und in diesem Glauben füreinander beten. Amen.

Katharina und der Christushymnus

Predigt am Sonntag Palmarum über Philipper 2,5-11

In den Geschichten von Tausendundeiner Nacht hat mich die Gestalt des Kalifen Harun al-Rashid immer besonders fasziniert. Der oberste Herrscher von Baghdad, so wird dort erzählt, habe es geliebt, mit einfachen Kleidern angetan sich unters Volk zu mischen, um den Menschen so unerkannt zuhören zu können und zu erfahren, welche Probleme sie denn bedrückten. So erfuhr er Dinge, die ihm als Herrscher sonst niemand vorzutragen gewagt hätte.

So etwas beeindruckt mich sehr! Da ist sich ein Herrscher nicht zu schade und verlässt sein weiches Bett und seine goldenen Tellerchen und tauscht das Brokatgewand mit dem Rock des einfachen Mannes. Das ist nicht nur vergnüglich für den Leser, der ja die Wahrheit kennt und sich deshalb doppelt freut über das, was der Kalif inkognito erlebt. Nein, es steckt mehr dahinter. So etwas zu tun, erfordert Größe. Herrschen heißt Macht haben, und Macht hat nur, wer als mächtig erkannt und erkennbar ist. Der Kalif ist machtlos, solange er nicht als Herrscher erkennbar ist, und damit so schutzlos wie jeder andere auch: keine Leibgarde, kein VIP-Platz. Und warum? Weil er die Wahrheit wissen will. Weil die Leute ihm sonst nicht erzählen würden, dass sie sich ungerecht behandelt fühlen oder zu wenig zum Leben haben. Weil ihm also die Wahrheit verborgen bliebe.

Harun al-Rashid, der sagenhafte Kalif von Baghdad, war allerdings nicht der erste Herrscher, der sich so schutz- und kompromisslos unters Volk gemischt hat. Wie es geht, hat gut 700 Jahre vorher Gott selbst vorgemacht. So jedenfalls deutet es der sogenannte Christushymnus, den Paulus im 2.Kapitel seines Briefes an die Philipper zitiert. Er selbst hat diesen Lobgesang auf den Herrscher, der zum Knecht wird, nicht geschrieben, sondern er ist unter den allerersten Christen entstanden, die damit ihr Bekenntnis zu Jesus zum

Ausdruck bringen wollten. Es war das Loblied derer, die in der Knechtsgestalt des Gekreuzigten den Herrn und Herrscher erkannt hatten.

Was diese ersten Christen mit Jesus erlebt hatten, war offenbar so umwerfend gewesen, dass ihnen zum Jubeln und Singen zumute war. Das verband sie mit den Menschen, die beim Einzug Jesu in Jerusalem die Straßen säumten, wie wir es vorhin gehört haben, und die jubelten und sangen. Hosianna dem Sohn Davids! Geschrien aus vielen Kehlen, Jubel und Gesang! Und so wie die Menschen in Jerusalem damals wollten die ersten Christen ihre Begegnung mit Jesus nicht für sich behalten, sondern weitersagen und mit anderen teilen. Wieder andere Christen haben dieses Bekenntnis aufgenommen und bestätigt, so dass es seinen festen Platz in den Gottesdiensten der frühen Christen fand. Dort also hat Paulus es dann vorgefunden und stimmt es jetzt an.

Was war das für eine Erfahrung? Was hat diese ersten Zeugen des Evangeliums zum Singen und Jubeln gebracht?

Es ist die gleiche Erfahrung, die auch heute noch Menschen zum Singen, zur Freude, zur Hoffnung bringt: nämlich dass mit Jesus Gott selbst sein Volk besucht hat, dass mit ihm ein neues Kapitel in der Geschichte zwischen Gott und Mensch aufgeschlagen wurde, und dass diese Geschichte weitergeschrieben wird, jeden Tag, mit einem jeden einzelnen.

Einen solchen Menschen möchte ich Ihnen heute vorstellen. Die Frau, von der ich Ihnen erzählen will – nennen wir sie Katharina - , diese Frau habe ich mir ausgedacht; ich stelle mir vor, dass sie – künstlerisch begabt wie die Mirjam im Alten Testament – eine der ersten Christinnen war, die diesen alten Hymnus lange vor Paulus‘ Zeit gedichtet haben. Die Geschichte allerdings, die Katharina mit Jesus erlebt hat, ist nicht ausgedacht. Sie ist sogar aufgeschrieben und in einem Buch veröffentlicht worden – dazu später mehr. Denn diese Geschichte passiert jeden Tag so oder so ähnlich, und zwar seit vielen hunderten von Jahren bis heute.

Katharinas Geschichte mit Jesus beginnt so wie die von vielen anderen Menschen. Mehr oder weniger lange vorher haben sie schon mal etwas von Jesus gehört, von seinen Heilungen und natürlich auch von seinem Tod und der Legende, dass er auferstanden und seinen Anhängern begegnet sein soll. Katharina hat das für eine hübsche, ja romantische Geschichte gehalten. Auch die eine oder andere ethische Regel wie die Feindesliebe schrieb man ihm zu, und sie fand das durchaus nachdenkenswert. Aber die Auferstehung? Nein, das erschien ihr doch zu hanebüchen, zu extrem und weltfremd.

Katharina hatte, wie die meisten anderen Menschen, den Herrscher im Gewand des einfachen Knechtes noch nicht erkannt. Das änderte sich erst an dem Tag, als ihr Jesus persönlich begegnete.

Es war ein Tag, an dem es Katharina – wie überhaupt in der letzten Zeit – sehr schlecht ging. Sie hatte deswegen schon häufiger gebetet, aber eher mit der vagen Hoffnung, dass vielleicht irgendeiner der vielen Götter ihr schon helfen würde. Katharina war sehr krank, und es sah nicht so aus, als hätte sie eine realistische Chance. Sie hatte das Gefühl, wirklich an einem Tiefpunkt ihres Lebens angekommen zu sein. Und sie schrie zu Gott, allen Kummer schrie sie ihm entgegen. In der darauffolgenden Nacht, so wird es Katharina später beschreiben, klopfte „Jesus wie im Sturm an meine Tür. Wie soll ich ihm die Tür etwa nicht aufmachen?“[3] Ganz deutlich, wie später dem Paulus, erschien ihr Jesus und reichte ihr die Hand.

Diese Nacht veränderte Katharinas Leben von Grund auf. Und weil sie musisch besonders begabt ist und gerne singt, dichtet sie ein Lied, das ihre Gefühle und Gedanken in Form eines Lobpreises bringt:

Er war in allem Gott gleich, und doch hielt er nicht gierig daran fest, so wie Gott zu sein.

Er gab alle seine Vorrechte auf und wurde einem Sklaven gleich. Er wurde ein Mensch in dieser Welt und teilte das Leben der Menschen.

---

[3] Nina Hagen in einem Interview mit „idea Spektrum“, Ausgabe vom 17.3.2010

Katharina kannte bisher nur die vielen und fernen Götter, die den Olymp bevölkerten, auf dem Thron saßen und ihre Händel miteinander pflegten. Sie forderten Verehrung. Auch der Christengott war für sie zunächst nichts anderes als einer, der auf dem Thron sitzt, ein mächtiger Weltenlenker, anbetungswürdig-aber eben weit weg.

Dass sich dieser Gott in Jesus nun so ganz anders zeigte, dass er nicht gierig an seiner Gottgleichheit festhielt, dafür fand sie nur diese poetischen Worte. *Er, der in göttlichem Dasein lebte, hat es nicht wie eine Beute angesehen, Gott gleich zu sein*[4].... Warum ging Gott diesen Weg? Warum tat Jesus das? Die Antwort erfuhr sie in ebenjener entscheidenden Nacht: dieser *Jesus wurde ein Mensch in dieser Welt* und teilte das Leben der Menschen, also auch ihr verkorkstes, zähes, von erfolgloser Suche gezeichnetes Leben. Jesus hatte sich nicht gescheut, zu ihr zu kommen und auch dorthin zu gehen, wo es ihr selber peinlich war. Wie ein Sklave griff dieser Jesus zum Besen und fing an, den Schmutz wegzukehren. So hatte er es in dieser Nacht getan, nachdem Katharina ihm ihr Herz ausgeschüttet, all den Schmutz und das Belastende ihm vor die Füße geschüttet hatte. „Ja, Gott hat niemals sein Auge von mir abgewandt“[5] wird Katharina später über diese Begegnung sagen, als sie im Knecht den Herrn ihres Lebens erkannte.

Im Gehorsam gegen Gott erniedrigte er sich so tief, dass er sogar den Tod auf sich nahm, ja, den Verbrechertod am Kreuz. Jesus war tief gesunken, das war Katharina klar geworden. Aber warum? Warum diese Erniedrigung, wieso der Gehorsam? Auf diese Frage hatte sie nie eine Antwort finden können, so sehr sie auch danach gesucht hatte. In jener Nacht hatte die Antwort sie gefunden. Sie erkannte, wie weit sie sich eigentlich schon von Gott entfernt hatte, wie fremd und gleichgültig ihr Gott geworden war. Und wo sie seine Hilfe dringend gebraucht hätte, wo sie zu versinken drohte, da reichte ihr Arm nicht mehr hin an diesen fernen und fremden Gewohnheitsgott. „Ich betete zu Gott“, meinte Katharina später über diese Zeit, „doch meine Gebete waren

[4] Aus: Das Neue Testament, übersetzt und kommentiert von Ulrich Wilkens, Köln/Zürich [4]1974
[5] Nina Hagen in einem Interview mit „idea Spektrum“, Ausgabe vom 17.3.2010

schwach gewesen gegen den rauschhaften Strom des Lebens, waren nur schüchterne Hilferufzeichen, wo ich mich doch schon in rauschenden Wassern befand“[6]. Jesus erniedrigte sich, das heißt: er geht so tief in die Knie, beugt sich soweit herab, dass er unser schüchternes Rufen und Flüstern hören kann: **Hilf mir!**

Wie gut konnte Jesus das nachvollziehen, was das hieß: gemobbt, ausgelacht und verspottet zu werden! Und Katharina war zum Spott geworden: als Suchende, die sich nicht mit billigem Trost und einfachen Antworten abspeisen ließ. Eine, die den Dingen auf den Grund gehen wollte. Die nach Antworten suchte: warum das viele Leid? Warum Krankheit und Hass?

Sie hatte sich viele schlaue Antworten anhören müssen, Vertröstungen und Schulterzucken. Überzeugt hatte sie keine. Aber ergriffen war sie vom Bild des leidenden Gottessohnes. Da war ihr einer begegnet, der es ernst meinte. Da war einer, der bis zum Äußersten ging, weil er die Wahrheit kannte und sie nicht für sich behalten wollte, sondern er dafür sorgte, dass diese Wahrheit Gottes alle Menschen erfahren. Jede und jeder sollte es wissen, wie Gott **wirklich** und wie **wirklich** Gott war. Dieser Jesus von Nazareth war der erste und einzige, der nicht vor dem Tod in die Knie gegangen ist wie alle anderen zuvor.

Darum hat Gott ihn auch erhöht und ihm den Rang und Namen verliehen, der ihn hoch über alle stellt

Vor Jesus müssen alle auf die Knie fallen - alle, die im Himmel sind, auf der Erde und unter der Erde;

alle müssen feierlich bekennen: »Jesus Christus ist der Herr!« Und so wird Gott, der Vater, geehrt.

Katharina weiß, als sie diese Zeilen schreibt, dass sie damit auf Widerspruch stoßen wird. Wer fällt schon gerne auf die Knie? Ach, wenn doch alle

---

[6] Ebd.

Menschen das erfahren könnten, was sie erfahren hatte: dass sie vor Gott in die Knie ging, nicht weil Gott sie in die Knie gezwungen hatte – sondern weil ihr die Knie weich wurden, als ihr bewusst wurde, wie sehr Gott sie liebhatte. Wie wichtig sie Jesus war! Ja, es war ein Muss, sie konnte nicht anders, als diesem Gott die Ehre zu geben. Sie sagt später darüber: „Ich kann bestätigen, was in Psalm 91 steht: Er hat seinen Engeln befohlen, dass sie dich behüten auf allen deinen Wegen.“[7] Mit diesem feierlichen Bekenntnis wollte sie Gott die Ehre geben, seinen Namen öffentlich machen und es aller Welt sagen, wer verantwortlich war für Leben.

An dieser Stelle, liebe Gemeinde, wollen wir unsere erfundene Katharina verlassen. Was bleibt, ist das Loblied, das sie der Nachwelt hinterlassen hat und das Paulus uns überliefert. Und es bleibt ihre persönliche Lebens-Geschichte mit diesem Jesus von Nazareth, von der ich sagte, dass **sie** nicht erfunden sei. Es ist die Geschichte der bekannten Popsängerin Nina Hagen, nachzulesen in ihrem kürzlich erschienen Buch „Bekenntnisse“. Sie beschreibt darin ihren persönlichen Weg zum Glauben an Jesus Christus bis zu ihrer Taufe im vergangenen Jahr. Jesus geht auch heute noch als Knecht zu seinem Volk, und immer wird es Menschen geben, die in ihm den Herrn der Welt erkennen. Gott sei Dank dafür. Amen!

[7] Ebd.

Drei Gründe zum Fröhlichsein

Predigt am Ostermontag über Jesaja 25,8+9

Der Herr wird den Tod verschlingen auf ewig. Und Gott der HERR wird die Tränen von allen Angesichtern abwischen und wird aufheben die Schmach seines Volks in allen Landen; denn der HERR hat's gesagt. Zu der Zeit wird man sagen: «Siehe, das ist unser Gott, auf den wir hofften, dass er uns helfe. Das ist der HERR, auf den wir hofften; lasst uns jubeln und fröhlich sein über sein Heil.»[8]

Zwei Erlebnisse bzw. Eindrücke aus der letzten Zeit:
Nummer eins: In der letzten Konfi-Stunde vor den Osterferien ging es um das Thema Tod und Sterben. Wir hatten dazu einen Bestatter eingeladen, der den Jugendlichen von seiner Arbeit erzählte. Leider war die Zeit viel zu knapp, so dass er eine Begebenheit erst erzählte, als alle Konfis schon fort waren und wir nur noch zu zweit dort standen. So habe er, erzählte er ziemlich bewegt, einmal ein Kind beerdigen müssen. Die Eltern wünschten sich, dass am Grab eine Taube aufsteigen solle als Zeichen des Lebens. Es gelang dem Bestattungsunternehmen, nach einigem Hin und Her eine Taube aufzutreiben. Als der Sarg nun hinabgesenkt war, da erschien wie auf Kommando – es war mitten auf dem Land – mit einem Mal ein Taubenschwarm. Noch nie habe er so etwas gesehen, beteuerte der Bestatter. Denn aus dem Taubenschwarm löste sich ein einzelner Vogel, schwang sich hinab zu dem Vogel am Sarg und flog mit ihm hinauf zu seinem Schwarm, der sodann wieder verschwand. Noch jetzt bekäme er eine Gänsehaut, wenn er daran denke. „Wenn man in diesem Beruf arbeitet“, so sagte er dann sinngemäß, „kommt man einfach darauf, dass nach dem Tod etwas sein *muss.*“
Nummer zwei: Ein paar Tage später erschien im Magazin der „Süddeutschen Zeitung“ ein Artikel unter der Überschrift „Korinther 9,99€“.[9] Der Autor

[8] Übersetzung nach: Die Bibel nach der Übersetzung Dr. Martin Luthers, Stuttgart 1984.
[9] SZ-Magazin 13/2007

Christian Nürnberger brandmarkt darin die Vermarktung des Christentums als „Wohlfühl-Religion“ durch die Kirche. Er schreibt:

„Jesus lebt. Mit diesem einfachen Satz hat Ostern damals begonnen. Gekreuzigt, aber lebendig: Die Neuigkeit verbreitete sich unter seinen verzweifelten Anhängern, sie staunten und sagten es weiter, schließlich strömten sie aus allen Teilen des Landes zusammen, um sich zu versammeln. »Ein Brausen kam vom Himmel«, heißt es in der Bibel, züngelndes Feuer leckte nach ihren Köpfen, der Geist erfüllte sie, und plötzlich verstanden alle einander, obwohl sie in verschiedenen Sprachen redeten. Jesus lebt - die babylonische Sprachverwirrung war beendet.
Wir wissen nicht, was damals wirklich passiert ist. Wir wissen nur: Eine Versammlung von Menschen hatte plötzlich eine unglaubliche Kraft entwickelt, eine Kraft, die für 2000 Jahre christliche Geschichte reichen sollte.
Heute erinnern in den Kirchen brennende Kerzen an diese gewaltige Energie. Manche Gemeinden entfachen in der Osternacht das Osterfeuer, und der Pfarrer sagt: Jesus lebt. Aber es scheint, als könne das Feuer dieses Satzes niemanden mehr entzünden. Wenn der Satz geglaubt würde, müssten den Christen eigentlich Flügel wachsen, die Gemeinden müssten vor Kraft strotzen, ihre begeisterten Mitglieder müssten an Ostern durch die Straßen rennen und jedem ins Ohr brüllen: »Gott lebt! Wirklich, er lebt!« Stattdessen stehen sie mit allen anderen im Stau auf der Autobahn.
Jesus lebt - das ist heute keine Gewissheit mehr, die das Dasein der Christen beflügelt.“

Zwei Erfahrungen, die etwas zu tun haben mit der Wahrheit dessen, was an Ostern passiert ist. Der eine ahnt etwas von der Realität des Lebens nach dem Tod, der andere beobachtet messerscharf, dass der Glaube an den lebendigen Gott, der uns ein Leben nach dem Tod schenkt, keine Kraft mehr hat, um Menschen zu begeistern.
Man kann wohl viele Gründe für diese Kraftlosigkeit und Müdigkeit finden. Aber um diese Gründe soll es heute nicht gehen. Ich möchte vielmehr drei

Gründe dafür nennen, warum wir heute in den Jubel und die Fröhlichkeit des Volkes Israel einstimmen können, von der unser Predigttext spricht, warum wir allen Grund haben, das mitzusprechen: „Siehe, das ist unser Gott, auf den wir hofften, dass er uns helfe. Lasst uns jubeln und fröhlich sein über sein Heil."

Der erste Grund: der Tod ist besiegt.

„Der Pfarrer sagt: Jesus lebt." Dieser Satz aus dem Artikel trifft es ziemlich genau. So oft ist dieser Satz gehört, gesagt, gelesen worden, dass wir gar nicht mehr darüber nachdenken, was das eigentlich bedeutet: Gott hat auf einmalige Weise in den Lauf der Geschichte und der Naturgesetze eingegriffen und hat einen Menschen, der definitiv tot war, ins Leben zurückgebracht. Nicht nur seine zwölf Jünger haben ihn lebendig gesehen, sondern weit über 500 Menschen. Das leere Grab gehört zu den Stellen im Neuen Testament, die am besten bezeugt sind, von verschiedenen Seiten.

Wenn Gott in Naturgesetze eingreift und sie verändert, sprechen wir von einem Wunder. Auch wenn mehr als die Hälfte aller Deutschen nach neuesten Umfragen davon überzeugt sind, dass es Wunder gibt, auch wenn es inzwischen auch heute gut dokumentierte Heilungen und andere Wunder gibt – es bleibt letztlich immer eine Glaubenssache. Ich kann daran glauben oder daran zweifeln. Auch das Wunder der Auferstehung kann man nicht beweisen, zumal der lebendige Christus bislang noch nicht zurückgekehrt ist. Aber vergleichbar dem Urknall, den es vor Jahrmillionen gegeben hat und dessen Wellenschlag man noch heute hören kann mit Teleskopen und Computern – vergleichbar mit diesem Ereignis ist die Auferstehung Jesu mit dem, was wir auch heute noch spüren können. Da sind Erfahrungen wie die des Bestatters, von dem ich am Anfang erzählt habe. Da sind die Erfahrungen von vielen Menschen, die das Sterben eines anderen Menschen erlebt haben und von einem tiefen Frieden berichtet haben, der die Sterbenden umgab. Da waren Trost, Freude und das Gefühl: mir wurden die Tränen abgewischt.

Der Tod ist und bleibt etwas Trauriges, oftmals Erschreckendes. Aber mit der Auferstehung Jesu ist eine unverrückbar scheinende Grenze gefallen. Wir werden Schritte über diese Grenze tun. Wie es dahinter aussieht, kann redlich niemand behaupten. Aber dass wir weitergehen dürfen, über diese Grenze hin zu Gott, das ist uns im Glauben zugesprochen.

Der zweite Grund: Gott zeigt sich als der Nahe.

Unser Bibeltext spricht von Gott als dem, der unsere Tränen abwischt. Wenn wir uns das bildlich vorstellen, dann ist das eine sehr persönliche Geste – wie die einer Mutter, die ihrem Kind die Tränen aus dem Gesicht wischt und es liebkost, um es zu trösten. Jesaja zeigt uns einen Gott, der uns sehr nahe kommt. In Jesus Christus erreicht diese Nähe ihren Höhepunkt. Die größte Nähe bedeutet größte Verletzlichkeit. Die grausame Art und Weise des Todes Jesu Christi zeigt uns deshalb, *wie* nahe Gott uns Menschen in Jesus damals kam.

Jesus Christus ist auch heute noch der lebende Beweis für Gottes Nähe. Es ist ganz erstaunlich, manchmal direkt beunruhigend, was Menschen erleben, die ganz fest mit Gottes Eingreifen in ihr Leben rechnen. Sie berichten von Gebetserhörungen, von wunderbaren Wandlungen in ihrem Leben, von Trosterfahrungen in schwerem Leid. In manchen Gemeinden erzählen Christen öffentlich von solchen Erfahrungen und lassen damit auch die Gemeinschaft daran teilhaben. Mir fällt unser neuer Gebetstreff ein. Schon nach dem ersten Treffen haben Teilnehmende von Gebetserhörungen berichtet – was kann alles passieren, wenn wir uns nur ein kleines bisschen öffnen für die Nähe Gottes! Wir haben wirklich allen Grund zu jubeln.

Der dritte Grund: wir haben eine Zukunft.

In letzter Zeit wird viel über die Zukunft gesprochen, über die paar Jahre, die uns noch bleiben, um den Klimawandel abzubremsen. Über die Zukunft unserer Altersversorgung und die Zukunft unseres Gesundheitssystems. Meistens sind die Prognosen düster. Das macht Angst.

Übertriebene Panikmache ist aber genauso falsch wie übertriebene Sorglosigkeit nach dem Motto: es ging bisher weiter, also wird es auch morgen weitergehen. Beides sind Haltungen, die der christlichen Hoffnung nicht angemessen sind. Als Student habe ich lange Zeit mein Studium durch das

Tragen von Särgen für ein Beerdigungsinstitut mitfinanziert. Da kam es gelegentlich auch vor, dass statt einer kirchlichen Trauerfeier eine ritualisierte Bestattung mit einem Trauerredner stattfand, wenn der Verstorbene ein Atheist war. Hier konnte man studieren, welchen Schatz wir Christen mit unserer von Gott versprochenen Zukunft haben! Wenn nichts von einem Menschen mehr bleibt außer der Erinnerung an ihn, dann bleibt entweder nur die nackte Angst vor dem Ende oder aber der süchtigmachende Drang, möglichst viel zu leben und zu er-leben.
Wer schon eine Zukunft hat – das ist das befreiende -, der muss sich keine Sorgen um sie machen. Er ist auch nicht für die Gestaltung dieser Zukunft verantwortlich. Der kann sogar die Erfahrung machen, dass sie einem – wie in dem Beispiel vom Bestatter am Anfang – regelrecht in den Schoß fällt: wenn er die Tauben deuten kann als Zeichen des Lebens nach dem Tod, als Zeichen der Hoffnung im Angesicht des Todes.

Drei Gründe, fröhlich zu sein über das Heil unseres Gottes. Das sind drei gute Gründe, warum man an das Wunder dieses Ostermorgens glauben sollte. Drei Gründe, warum es sich lohnt, sich Gott aufs Neue anzuvertrauen an diesem Morgen. Drei Gründe, in das Halleluja dieses Morgens einzustimmen und das Wunder zu besingen: Der Sonnenschein jetzt kommt herein/ und gibt der Welt ein' neuen Schein. Amen.

Feuer und Weißglut

Predigt zum Pfingstfest über 1.Korinther 2,12-16

Wir haben aber nicht den Geist dieser Welt erhalten, sondern den Geist, der von Gott kommt. Darum können wir erkennen, was Gott uns geschenkt hat. Davon reden wir nicht in Worten, wie sie menschliche Weisheit lehrt, sondern in Worten, die der Geist Gottes eingibt. Von dem, was Gott uns durch seinen Geist offenbart, reden wir so, wie sein Geist es uns lehrt. Menschen, die sich auf ihre natürlichen Fähigkeiten verlassen, lehnen ab, was der Geist Gottes enthüllt. Es kommt ihnen unsinnig vor. Sie können nichts damit anfangen, weil es nur mit Hilfe des Geistes beurteilt werden kann. Wer dagegen den Geist hat, kann über alles urteilen, aber nicht von jemand beurteilt werden, der den Geist nicht hat. Es heißt ja in den Heiligen Schriften: »Wer kennt den Geist des Herrn? Wer will sich herausnehmen, ihn zu belehren?« Und das ist der Geist, den wir empfangen haben: der Geist von Christus, dem Herrn.

Was bringt Sie so richtig zur Weißglut? Machen wir einmal den „Weißglut-Test" und sehen, was passiert, wenn ich Begriffe wie „Managergehälter", „Atomausstieg" oder „Lustreisen" sage. Und, spüren Sie's schon?

Ob Fichtelgebirgs-Autobahn oder Stuttgart 21 - Sie sehen, es ist nicht schwer etwas zu finden, was einen aufregt, worüber man sich ärgert und was einen zur Weißglut bringt.

Viel schwerer wird es aber, wenn wir sagen sollen, was uns **glühen lässt vor Begeisterung.** Was bringt deine Augen zum Leuchten, wenn du anderen davon erzählst? Wofür schlägt dein Herz? Gibt es ein Feuer in dir, das du am liebsten mit anderen teilen würdest?

Wenn ja – dann darfst du dich entspannt zurücklehnen und dich an dieser Gabe freuen. Wenn nein – dann sage ich dir: den Christen in Korinth ging es nicht viel anders. Paulus schreibt seinen Schwestern und Brüdern etwas über den Heiligen Geist, weil diese sich gegenseitig wohl eher zur Weißglut brachten als zum Glühen. Es gab Streit und Konflikte; verschiedene

Grüppchen hatten sich gebildet, die sich gegenseitig, wie man so schön sagt, die Butter vom Brot nahmen. Anstatt die Begeisterung für Jesus zu teilen, sprach man sich einander die Berechtigung zur Begeisterung ab.
Der Apostel sieht sich deshalb genötigt, einige grundsätzliche Bemerkungen über den Heiligen Geist zu machen. Er argumentiert in dem Briefstück, das ich am Anfang vorgelesen habe, vor allem mit drei wesentlichen Punkten, die wir uns am heutigen Pfingsttag einmal näher ansehen wollen.

Erste wichtige Aussage: Der Heilige Geist ermöglicht uns eine Erkenntnis, und zwar die, dass Gott uns etwas **schenkt**. „Darum können wir erkennen, was Gott uns geschenkt hat." Gott schenkt uns etwas. Wir können es ruhig einmal aussprechen: Wir haben als Christen etwas von Gott bekommen, was andere so nicht haben. Paulus sagt auch ein paar Verse vorher, was das für ein Geschenk ist. Er nennt es die „Teilhabe an der Weisheit Gottes". Wir haben einen Blick dafür bekommen, dass das Leben neben Raum und Zeit auch noch eine weitere Dimension hat, eine geistliche. Ich stelle mir das so vor, als wäre ich so eine Pappschachtel, wie ich sie bei der Post kaufen kann, flach zusammengelegt. Aus einem flachen Stück Pappe wird, in Form gebracht und zusammengefaltet, ein Karton, der auf einmal Dimensionen bekommt und etwas in sich aufnehmen kann, von dem er nie gedacht hätte, dass er es in sich aufnehmen kann. Gott bringt mich in diese Form, er möchte mich umgestalten, damit sich meine Sichtweisen verändern: Wo andre nur einen Gekreuzigten sehen, sehen wir den Erlöser. Wo andere nur in die Augen eines Sterbenden blicken, sehen wir die Hoffnung leuchten auf die kommende Welt. Wo andere von Zufall sprechen, reden wir von Fügung. Gott schenkt uns diese Erweiterung unserer Existenz.
Nicht, dass wir uns falsch verstehen: dieses Geschenk Gottes macht uns nicht zu besseren oder „höherwertigeren" Menschen im Vergleich zu Nichtchristen. Das sagt auch die Bibel an keiner Stelle. Aber es ist ein Schatz, den wir vor anderen nicht zu verstecken brauchen. Und es geht auch nicht darum, ob dieser Schatz, dieses Geschenk, mehr oder weniger wert ist als das, was andere haben. Sondern die Frage ist: wie viel ist *mir* dieser Schatz wert? Bin

ich mir darüber im Klaren, wie sehr Gott mich liebt, oder bin ich, um im Bild zu bleiben, eine alte Schachtel, die nicht weiß, warum sie eigentlich da ist und was der Sinn des Ganzen ist?

Zweiter wesentlicher Satz über unser Leben als Christen: „Das ist der Geist, den wir empfangen haben: der Geist von Christus, dem Herrn.“ Man kann über den Heiligen Geist, so wie er in der Bibel bezeugt wird, sehr viel sagen. Ein wichtiger Aspekt scheint mir aber zu sein, dass **er die von Jesus versprochene Kraft ist, an der wir das Wirken Gottes in der Welt und an uns erkennen sollen.** Der Heilige Geist ist es, der unser Leben in die Form bringt, damit es geistliche Tiefe bekommt. Durch ihn werden wir uns erst des Schatzes bewusst, den wir von Gott bekommen haben. Derselbe Geist, der Jesus durch die Anfechtungen der Wüste führte, der bei ihm war in Gethsemane und am Kreuz – dieser Geist ist auch die gute Kraft, die mit uns ist: hier und heute!
Sicher kennen Sie alte Gemälde, auf denen das Pfingstgeschehen dargestellt ist. Kleine Feuerzungen sind über den Häuptern der Apostel zu sehen, so wie es die Bibel beschreibt. Dieses Feuer sagt: den Jüngern ist damals ein Licht aufgegangen. Ihr Leben hatte auf einmal wieder Sinn und Tiefe bekommen. Und sie begannen in verschiedenen Sprachen zu reden, weil Gott einen ganz konkreten Auftrag für sie hatte. Sie sollten von diesem Geschenk Gottes weitererzählen, die Gute Botschaft in alle Welt tragen. Und sie waren Feuer und Flamme für diesen Auftrag.

Dritte und letzte wesentliche Aussage: „Menschen, die sich auf ihre natürlichen Fähigkeiten verlassen, lehnen ab, was der Geist Gottes enthüllt. Es kommt ihnen unsinnig vor.“
Was wir vorhin als Gottes Geschenk erkannt haben, das Geschenk einer geistlichen Tiefendimension, das ist etwas, was ein Außenstehender glauben kann oder nicht. Ich werde ihm meine Glaubenserfahrungen letztlich nicht beweisen können. Die Erfahrung von Christen ist von jeher gewesen, dass bei einigen der Funke übersprang. Andere haben sie zur Weißglut getrieben.

Auch heute bringen wir Christen Menschen zur Weißglut: Wir glauben an Dinge, die man nicht sieht. Wir nennen Zufälle Fügung. Wir haben irrationale Hoffnungen. Wir glauben, anstatt zu wissen. Das kommt ihnen unsinnig vor. Und die „Anderen", das werden immer mehr, heutzutage. Manchmal ist das nicht leicht auszuhalten. Wer gilt schon gerne als exotischer Spinner?
Mich tröstet, dass die Bibel uns auf solche Situationen vorbereitet. Persönliche Erfahrungen konnte auch ein Paulus den Korinthern nicht beweisen. Er konnte ihnen nur davon erzählen, und weil der Geist es so wollte, hat sich die Botschaft, die er ausgerichtet hat, weiterverbreitet.
Und stellen wir uns einmal vor, es wäre anders. Stellen wir uns vor, es wäre *unser* Feuer, *unsere* Begeisterung, *unsere* Überzeugungskraft, die Menschen zum Glauben brächte – und nicht die des Geistes! Stellen wir uns vor, wir könnten Menschen mit dem Glauben anstecken wie mit einem Virus: Gruslig ist diese Vorstellung, und ich bin froh, dass der Geist immer noch weht, wo er will, und dass es Sein Werk bleibt, wenn Menschen angerührt werden. Und so werden wir, wenn wir versuchen, als Begeisterte zu leben, einige damit immer auch zur Weißglut bringen.

Liebe Geschwister, in dieser Stunde bitten Millionen von Christen um den Heiligen Geist, dass er unsere Augen zum Leuchten bringe. Auch wir bitten und beten heute darum, dass er in unserem Land, in unserer Gemeinde Menschen mit seinem Feuer erfüllt. Und ich bitte Gott darum, dass er hier und heute Menschen anrührt und damit beginnt, sie umzuformen nach seinem Willen. Ich wünsche einem jeden von uns, dass er etwas spürt von der umwerfenden Kraft des Glaubens: sei es beim gemeinsamen Singen, im gemeinsamen Gebet, im Gespräch nach der Kirche und zu Hause, sei es, wenn uns die Kräfte zu schwinden drohen, in Anfechtungen und in Schmerzen, in Trauer und Freude. Die Gnade Jesu Christi und die Liebe Gottes und die Gemeinschaft des Heiligen Geistes sei mit uns allen. Amen.

Gottes Währung

Predigt über 1.Johannes 5,1-5 am Sonntag Jubilate

Großeinkauf. Stellen Sie sich bitte diese Situation vor, die Sie bestimmt aus eigener Erfahrung kennen: Sie haben sich aufgerafft, um die Einkäufe für eine ganze Woche zu erledigen. Es ist Samstag, Sie stürzen sich ins allgemeine Gewühle, haben einen Parkplatz am anderen Ende des Parkhauses ergattert und sind nun schon seit einer knappen Stunde mit Ihrem Einkaufswagen unterwegs. Auf Ihrer Suche durch endlose Regale haben Sie inzwischen den Wagen gut gefüllt. Viele Dinge sind drin, die Sie unbedingt brauchen: Brot, Butter, sorgfältig ausgewähltes Gemüse. Sie haben lange an der Fleischtheke angestanden, um einen schönen Braten zu bekommen; auch Käse haben Sie sich abpacken lassen. An manchen Regalen und Wühltischen sind Sie vorbeigelaufen und haben auch das eine oder andere mitgenommen, was Sie nicht unbedingt brauchen, aber es hat Ihnen gefallen oder könnte ein schönes Geschenk sein. Nach anderthalb Stunden ist der Wagen voll, und Sie machen sich auf den Weg zur Kasse. Natürlich stellen Sie sich dort an, wo die Kassenschlange am kürzesten ist - und natürlich warten Sie am längsten. Sie packen mühsam alle Waren auf das Band, die Leute hinter Ihnen verdrehen die Augen wegen der Berge, die Sie da auf das Band häufen. Aber irgendwann ist der Wagen leer, die Kassiererin scannt alles ein, es piepst und piepst. Dann ist es soweit. Die Verkäuferin nennt die Summe und blickt Sie erwartungsvoll an. Sie zücken den Geldbeutel, und wollen ihm die Scheine entnehmen. Aber der Geldbeutel ist leer. Außer ein paar Cents gähnend leer. Nichts, womit man den ganzen Haufen bezahlen kann. Die Leute hinter Ihnen werden unruhig, die Verkäuferin auch. Und jetzt? Stundenlanger Stress, sorgfältige Warenauswahl, kostbare Zeit umsonst verschwendet, weil ich nicht bezahlen kann.

Verlassen wir diese wirklich unangenehme Situation. Vielleicht denken Sie sich jetzt: sowas kann mir doch nicht passieren! Ich denke immer an meinen

Geldbeutel, und selbst wenn ich kein Bargeld habe: heutzutage gibt es EC- und Kreditkarten, so dass ich jederzeit bezahlen kann!

Ja, das stimmt wohl. Ziemlich unrealistisch ist die eben geschilderte Situation- gerade wenn man einen Großeinkauf macht, achtet man selbstverständlich darauf, dass man auch genug Geld dabei oder zumindest seine Plastikkärtchen einsteckt hat. Alles andere wäre doch grobe Fahrlässigkeit.

Komisch nur, dass wir Menschen unser Leben – im übertragenen Sinne – oft genauso führen. Für viele von uns ist das Leben so etwas wie ein Großeinkauf. Wir gehen durch unsere Welt und schauen, was sie uns Schönes zu bieten hat. Wir nehmen vieles mit, was wir für lebensnotwendig halten: wir wählen sehr sorgfältig unsere Freundschaften und Beziehungen aus, wir versuchen gewissenhaft unsere Arbeit zu erledigen, wollen möglichst gute Eltern und Großeltern sein, strengen uns an und geben uns Mühe. Wir tun auch manchmal Dinge, die nicht lebensnotwendig sind, gönnen uns den einen oder anderen Luxus und genießen das Leben. Wir sammeln Erinnerungen und Erlebnisse. Der Einkaufswagen eines Lebens kann sehr reich gefüllt sein mit schönen und weniger schönen Dingen, es sind lebensnotwendige Sachen, Lebens-Mittel, dabei, und auch Erfahrungen, auf die wir gut hätten verzichten können.

Irgendwann einmal aber geht es an die Kasse. Das kann die Endabrechnung sein, also der Moment, wo wir sterben müssen. Für viele aber gibt es so etwas wie eine Zwischenabrechnung: Momente, wo wir ins Nachdenken kommen, wo wir gezwungen werden, nachzudenken: was ist das alles eigentlich wert, was ich da in meinem Einkaufswagen habe?

Es ist wichtig, dass es solche Momente der Zwischenabrechnung gibt. Manchmal sind das schmerzhafte Lebenseinschnitte, die uns zum Nachdenken bringen. Es können aber auch Tage wie heute sein, fröhliche und helle, Tage der Dankbarkeit und der Freude, die mich zur Besinnung kommen lassen auf das, was wirklich zählt.

Was zählt wirklich? Was ist sozusagen die Währung, auf die ich zählen kann? Die nicht an Wert verliert, nicht schwankenden Kursen unterworfen ist?

Und auf die es letztlich doch am meisten ankommt, ohne die ich mit all dem, was ich da im Laufe meines Lebens sammle, nichts anfangen kann?
Der 1.Johannesbrief, unser heutiges Predigtwort, gibt darauf eine Antwort. Ich lese aus dem 5.Kapitel:

Wer glaubt, dass Jesus der von Gott versprochene Retter ist, der ist ein Kind Gottes. Kinder aber, die ihren Vater lieben, die lieben auch ihre Brüder und Schwestern.
Dass wir wirklich Gottes Kinder lieben, erkennen wir an unserer Liebe zu Gott und daran, dass wir nach seinen Geboten leben.
Denn Gott lieben heißt nichts anderes als seine Gebote befolgen; und seine Gebote sind nicht schwer.
Jedes Kind Gottes kann den Sieg erringen über alles, was sich in dieser Welt Gott widersetzt. Ja, unser Glaube hat diese Welt bereits besiegt.
Denn nur wer daran glaubt, dass Jesus der Sohn Gottes ist, kann diesen Sieg erringen.

„Wer glaubt" –so heißt es mehrfach in diesem Brief. Der **Glaube an Jesus Christus, den Retter, den Sohn Gottes: das ist die Währung, die bei Gott zählt.** Auf den Glauben kommt es an. Wie eine Klammer umschließt dieser Aufruf zum Glauben an Jesus diesen kurzen Abschnitt. Glaube, das heißt hier ganz konkret: Liebe. Glauben, das sagt der 1.Johannesbrief auch an anderen Stellen, ist kein abstrakter Begriff, nichts, was man halt so tut, weil es sich gehört. Es ist auch nichts, was man institutionalisieren oder verordnen kann. Glaube ist eine liebevolle Beziehung. Wie jede andere Beziehung kennt der Glaube, kennt die Liebe Wachstum und Schrumpfprozesse, kennt Fremdheit und Vertrautheit, weiß um Nähe und Distanz. All das gehört auch zu einer lebendigen Glaubensbeziehung dazu. Diese Liebe geht zunächst von Gott aus, und zwar ganz greifbar in der Gestalt Jesu Christi. Jesus ist der lebendige Beweis für die Liebe Gottes. Der Glaube, unser Vertrauen zu Gott kann so etwas wie die Antwort darauf sein, die Erwiderung dieser Liebe. Solche Liebe zu Gott, solches Vertrauen zu Gott muss, wie bei menschlicher Liebe, wachsen und reifen können. Sie darf sich freuen an gemeinsamen schönen Erlebnissen und muss doch auch Rückschläge ertragen können. Wenn ich mit Gott gemeinsam Schönes und Schweres erlebe und dabei die Erfahrung machen darf, dass ich in allem nie alleine bin, sondern immer begleitet – dann wächst die Liebe und nimmt an Erfahrung zu. Viele Paare, die die Goldene oder gar die Diamantene Hochzeit feiern dürfen, können das von ihrer Liebe zueinander bestätigen.

Überhaupt ist für den Autor unseres Briefes die Liebe der Glaubensgeschwister untereinander ein sichtbarer Beweis für die Liebe Gottes. Wer Gott liebt, für den können die anderen Kinder Gottes, meine Geschwister, keine Fremden oder gar Feinde sein. Ich habe sie lieb – auch wenn ich sie anstrengend oder mühsam finde. Ich muss nicht jedem um den Hals fallen. Aber sie liegen mir am Herzen, auch diejenigen, die mir ferner sind und die ich vielleicht gar nicht kenne.

Deshalb sind liebevolle Beziehungen in einer Gemeinde auch ein großartiges Geschenk. Die Liebe Gottes wird dort nicht nur lebendig, sondern konkret erfahrbar, wo wir uns umeinander kümmern. Ein Anruf: wie geht's Dir gerade? - das kann ganz wichtig sein! Wenn dir jemand eine Sorge erzählt, dann hör zu und fang nicht gleich mit deinen eigenen Sorgen an! Frage ein paar Tage später nach, was sich entwickelt hat! Bete ganz konkret für jemanden, von dem du weißt, dass er dein Gebet braucht! Sei aufmerksam! Die Liebe Gottes, die wir alle in Jesus Christus erfahren dürfen, die will konkret erfahrbar und lebendig werden, sonst ist sie wie eine Währung, die nie gehandelt wird, wie Geld, das nie ausgegeben, sondern bloß gehortet und gespart wird.

Wenn wir so miteinander umgehen, befolgen wir das „neue Gebot“, das Jesus Christus uns gegeben hat, nämlich uns liebzuhaben, so wie Jesus uns liebhat. Damit verändern wir etwas: in unserem Umfeld, in unserer Stadt, in unserer Welt. Auch davon spricht unser Bibelwort. *„Denn alle, die Gott zum Vater haben, siegen über die Welt. Der Sieg über die Welt ist schon errungen – unser Glaube ist dieser Sieg!“*

Man kann nicht genug sagen, welch eine Kraft im Glauben steckt. Es ist die Kraft des Sieges über die Welt. Was heißt das konkret? Konkret heißt das, dass wir die Kraft des Glaubens sträflich vernachlässigen. Wir trauen Gott nichts zu. Um es mit den Worten unseres Beispiels vom Anfang zu sagen: Für viele Menschen ist der Glaube an den Sohn Gottes, an den Retter, eine verstaubte Pappschachtel aus der untersten Regalreihe. Oder ein Angebot neben vielen anderen. Etwas was man mitnehmen kann, wenn man noch Platz im Einkaufswagen hat, oder was ich brauche, wenn's mir mal schlecht geht – so wie ich manchmal ein Deo brauche, wenn ich schlecht rieche. Deshalb brauchen wir immer wieder mal eine Zwischenabrechnung, damit wir sehen: der Glaube gehört nicht in den Wagen, sondern der ist unsere Grundausstattung! Wie das Portemonnaie an meinem Körper ist, in meiner Tasche. Der Liebe Gottes ist unsere Währung, die ist das, was wirklich zählt und worauf es ankommt im Leben. Die Liebe ist auch die einzige Währung, die für unser Zusammenleben als Christen untereinander zählt.

Das Besondere an dieser Liebe, an Gottes Währung ist, dass sie so kostbar ist – Gott selbst hat sie durch Jesus so kostbar gemacht. Egal wie schwer beladen unser Einkaufswagen ist, egal wieviel wir aufgetürmt haben: Durch Jesus und im Glauben an ihn ist die Rechnung bezahlt – egal wie hoch sie ist. Das ist damit gemeint, wenn vom Glauben die Rede ist, der die Welt überwunden hat.

Vielleicht kann der heutige Jubeltag ein Anlass sein, innezuhalten und eine Zwischenbilanz zu ziehen. Danach zu fragen, ein Blick in das innere Portemonnaie zu werfen und zu sehen, was für mich wirklich zählt im Leben. Sich vielleicht auch aufs Neue bewusst zu werden über den Reichtum an Liebe, mit dem Gott uns versorgt und möglicherweise – nur für mich - eine kleine Währungsreform durchzuführen, das Wertlose einzutauschen gegen das Wertvolle. Gott möchte es dir gerne schenken, jetzt. Amen.

Tagtraum mit Paulus

Predigt am Sonntag Kantate über Römer 11,33-36

Wie groß ist doch Gott! Wie unendlich sein Reichtum, seine Weisheit, wie tief seine Gedanken! Wie unbegreiflich für uns seine Entscheidungen und seine Pläne! Denn "wer könnte jemals Gottes Absichten erkennen? Wer könnte ihn beraten?" "Wer hätte Gott jemals etwas gegeben, das er nun von ihm zurückfordern könnte?" Denn alles kommt von ihm, alles lebt durch ihn, alles vollendet sich in ihm. Ihm sei Lob und Ehre für immer und ewig! Amen.

Vor kurzem träumte ich mit offenen Augen einen Tagtraum. Ich sitze an einem sonnig-warmen Abend in einem schönen Biergarten, nicht weit von hier. Ich habe mich gerade an einen der Tische gesetzt und mir einen Krug Bier bestellt, da kommt Paulus an meinen Tisch, in der Hand einen Krug Bier. Ich wundere mich, weil er nicht so aussieht, wie ich ihn mir vorgestellt hatte, sondern irgendwie ganz normal. Er fragt, ob der Platz gegenüber noch frei sei. Ich bejahe, und nachdem er sich gesetzt und einen tiefen Schluck zu sich genommen hat, fragt er mich, wie`s mir denn ginge.

„Ganz gut, Paulus", antworte ich, „nur bei der Vorbereitung für die nächste Predigt bin ich ein bisschen ins Stocken geraten. Was Du da in Deinem Brief an die Römer schreibst, will mir nicht in den Kopf. Man merkt Dir an dieser Stelle an, wie begeistert du warst, wie viel Dir Gott bedeutet und wie nahe du ihm bist. Dein Herz war voll, und der Mund ist dir übergegangen." Paulus, der aufmerksam zugehört hat, nickt bedächtig. „Aber", fahre ich fort, „wenn ich mir die Menschen in meiner Gemeinde vor Augen stelle, da kommen mir ganz andere Fragen und Sätze in den Kopf. Da sehe ich vor allem die Menschen, denen das Singen vergangen und denen das Lied im Hals stecken geblieben ist. Die Frau, die am Ende ihres Lebens steht und so viel Schweres durchmachen musste: Krieg, Vertreibung, jahrzehntelang Witwe, ein Kind verloren. Wo bleibt da die tiefe Weisheit unseres Gottes? Ich sehe den Mann, der sein Leben lang auf der Suche ist nach Gott, den die Sehnsucht nie losgelassen hat: wo spürt er den Reichtum Gottes? Ich sehe den heimlichen Alkoholiker, der loskommen will von seiner Sucht und es nicht schafft; ich sehe die Frau, die schon jahrelang unter panischen Angstattacken leidet. Ich sehe viele Menschen, die überhaupt nichts wissen wollen von Gott und seinen Führungen, Menschen, die ihr Leben in den Tag hinein leben und die weder glücklicher oder unglücklicher sind als ich. Wo steckt da die Führung Gottes? Welche Menschen, frage ich mich, Paulus, können Deinen Lobpreis Gottes noch mitsprechen und mitsingen, mehr als 2000 Jahre nach Christi Geburt?

Paulus schaut mich an und rückt seinen Krug zur Seite. Er überlegt eine Weile, bevor er zu sprechen beginnt. „Glaube nicht, dass ich mich mit diesen Fragen nicht auch herumgequält habe“, sagt Paulus. „Täglich stoße ich an meine Grenzen und spüre die schwere Last auf meinen Schultern. Unermüdliche Reisen, Qualen und Folter, Gefängnis und Bedrohung, Schläge und Spott sind meine Begleiter geworden. Dazu die andauernden Streitigkeiten in der Gemeinde – ich habe oft das Gefühl, als würde jemand meine Arbeit sabotieren, wenn ich an der einen Stelle fertig bin, brennt es schon wieder an der anderen. Wenn die Korinther sich versöhnt haben, tauchen in Galatien Leute auf, die meine Predigten sabotieren, habe ich in Galatien wieder für Frieden gesorgt, liegen die Korinther sich wieder in den Haaren. Und dann ist da“, und Paulus’ Stimme wirkt belegt, als er das sagt, „dann ist da diese quälende Einsamkeit, die langen durchwachten Nächte, und niemand, mit dem ich das besprechen kann außer Gott allein. Manchmal verstehe ich es nicht: wie unerforschlich sind doch seine Gerichtsurteile! Glaube mir: Wenn ich von Gottes Führung, seinem Reichtum, seiner Weisheit spreche, dann tue ich das nicht aus dem hohlen Bauch heraus. Sondern weil ich gemerkt habe, dass es nichts gibt, dass mich von Seiner Liebe trennen könnte. Ich spüre und merke immer wieder, dass Gott mich trotzdem nicht fallen lässt.

„Wie“, werfe ich ein, „wie merkst du das?“

„Nun“, antwortet Paulus, „es gibt immer wieder Augenblicke und Erlebnisse, die mir zeigen, dass sich der Aufwand lohnt. Es ist schön und beeindruckend, die Gemeinden wachsen zu sehen und zu erleben, wie sich die gute Botschaft ausbreitet unter den Menschen. Ich habe Leute gesehen, die ihr Leben von Grund auf geändert haben, für die die Welt nicht mehr so ist, wie sie vorher war. Ich habe auch erlebt, dass ich dann, wenn ich keinen Ausweg mehr wusste und selber machtlos war, dass gerade dann Gott am stärksten war. Wie ich es eben geschrieben habe: *Wie unbegreiflich sind für uns seine Entscheidungen und seine Pläne!*

„Trotzdem“, entgegne ich, „unsere Welt ist ganz anders geworden als vor 2000 Jahren. Die Leute denken nicht mehr in erster Linie an Gott, wenn sie etwas Schönes erleben oder wenn sie schwach werden. Sie sind irgendwie selbständiger geworden. Sie bestimmen und planen selber, wie sie ihr Leben gestalten können, und sie belohnen und bestrafen sich auch selbst. Gott wird nicht mehr unbedingt dazu gebraucht.

„Weil die Menschen schon immer und zu allen Zeiten geglaubt haben, sie hätten Gottes Absichten erkannt“, erwidert Paulus und nimmt einen herzhaften Schluck aus seinem Krug. „Sie denken, er hätte ihnen nichts Neues mehr zu sagen und zu geben. Lieber wollen sie ihm Ratschläge geben. Wenn es ihn gibt, sagen die Menschen, dann soll er doch gefälligst die Welt besser und friedlicher machen. Dann sollte es doch weniger Erdbeben und Überschwemmungen und mehr glückliche Menschen auf der Welt geben. Gott aber ist nie ganz zu erkennen. Sein Wille, seine Entschlüsse, seine Wege sind und bleiben ein Stück Geheimnis. Wenn schon ein Mensch in seiner Tiefe nicht auszuloten ist – wie kann es dann Gott sein?“

„Wäre ein solcher Gott nicht aber ein ziemlich unergründlicher, ja dämonischer Gott?“, protestiere ich. „Wie kann ich einem Gott Lobgesänge bringen und ihn preisen, der für das Leiden mancher Menschen taub zu sein scheint?“

„Unergründlich ja – dämonisch nein“, antwortet Paulus. „Denke Dir einen sehr tiefen Bergsee. Mag das Wasser auch noch so klar sein – wenn der See nur tief genug ist, kannst du den Grund nicht mehr sehen. So stelle ich mir Gott vor: Klar, eine Quelle der Liebe und des Lebens – aber in seiner Tiefe nicht auszuloten und zu erfassen. Ein Geheimnis.“

„Was aber ist dann das Klare an der Guten Botschaft, Paulus“, frage ich. „Was kannst du der Frau, die am Ende ihres Lebens steht und so viel Leid erlebt hat, was hast du dem Mann, der auf der Suche nach Gott ist, von der Quelle der Liebe und des Lebens zu sagen?“

„Ich kann ihnen keine Antwort geben auf das Warum ihres Leidens – genauso wenig wie ich auf das Warum meines eigenen Leidens Antwort finden kann. Denn das Problem ist, dass man von Gott nicht aus einer Beobachterposition oder der Position des Anklägers sprechen kann. Ich lebe ja durch ihn und aus ihm und zu ihm hin. Er umgibt uns ja wie das Wasser uns umgibt. Wer nun Gott aus der Ferne, gleichsam aus der sicheren Distanz, kennenlernen möchte, gleicht dem Fisch, der ans Land krabbelt, um das Meer besser zu überblicken und zu verstehen.“

„Nun gut, Paulus. Aber all das führt mich noch nicht zum Lob Gottes...Was ist der Grund für deinen Lobgesang?“, erwidere ich.

„Ich hatte nun wahrlich nicht immer Grund zum Lob. Wenn sich die Gemeindeglieder wieder mal in den Haaren hatten, wenn es Streit und Ärger gab - dafür sollte ich sie loben? Dafür lobe ich sie nicht. Trotzdem habe ich das *Lob Gottes* darüber nicht vergessen. Denn was mich immer mit meinen Gemeinden und mit allen Christen auf der Welt verbunden hat, war der klare Grund, die Quelle unseres gemeinsamen Lebens: der Glaube an den Herrn Jesus Christus. Einen anderen Grund kann niemand legen als ihn! Jesus Christus, seine Worte und sein Handeln sind für mich die fleischgewordene Klarheit Gottes bei all seiner Unergründlichkeit. Er ist Gottes offenes Angebot, obwohl es noch so manches Geheimnis gibt. An Christus glaube ich, den lebendigen. Er ist der eigentliche, der letzte und der erste Grund für all mein Lob."

Dann schwieg Paulus. Die Sonne war schon hinter den Bäumen verschwunden und warf ihre letzten warmen Strahlen auf die wenigen Besucher, die noch im Biergarten saßen. Wir beide saßen da, ließen uns die Abendsonne ins Gesicht scheinen und es kam mir so vor, als würde sie gar nicht mehr untergehen. Amen.

Starke Schuld und starker Gott

Predigt am 4.Sonntag nach Trinitatis über 1.Mose 50, 15-21

Weil ihr Vater nun tot war, bekamen Josefs Brüder Angst. "Was ist, wenn Josef sich jetzt doch noch rächen will und uns alles Böse heimzahlt, was wir ihm angetan haben?"
Sie schickten einen Boten zu Josef mit der Nachricht: "Bevor dein Vater starb, beauftragte er uns, dir zu sagen: 'Vergib deinen Brüdern das Unrecht von damals!' Darum bitten wir dich jetzt: Verzeih uns! Wir dienen doch demselben Gott wie du und unser Vater!" Als Josef das hörte, musste er weinen.
Danach kamen die Brüder selbst zu ihm, warfen sich zu Boden und sagten: "Wir sind deine Diener!" Aber Josef erwiderte: "Habt keine Angst! Ich maße mir doch nicht an, euch an Gottes Stelle zu richten! Was er beschlossen hat, das steht fest! Ihr wolltet mir Böses tun, aber Gott hat Gutes daraus entstehen lassen. Durch meine hohe Stellung konnte ich vielen Menschen das Leben retten.
Ihr braucht also nichts zu befürchten. Ich werde für euch und eure Familien sorgen." So beruhigte Josef seine Brüder, und sie vertrauten ihm.

In dieser kurzen Geschichte, die das Ende der bekannten biblischen Erzählung von Josef und seinen Brüdern bildet, begegnen wir einem der größten und gleichzeitig wunderbarsten Geheimnisse unseres Glaubens. Die Rede ist von dem, was wir „göttliche Vorhersehung“ oder „Gottes Ratschluss“ nennen. Sie ist der Grund dafür, dass Josef seinen Brüdern vergeben kann. „Ihr wolltet es böse machen, Gott aber hat es gut gemacht!“ Wir kennen aus der Glaubens-Geschichte hunderte von Belegen für die Wahrheit dieses Satzes. Ein prominentes Beispiel jährt sich am heutigen 17.Juli zum 506.Mal: genau heute, am 17.Juli 1505, trat Martin Luther ins Augustinereremitenkloster Erfurt ein: aus Angst um sein Seelenheil und weil er es aus Angst vor dem Tod der Heiligen Anna bei einem schweren Gewitter vor Stotternheim versprochen hatte. Und was hat Gott aus diesem kleinen ängstlichen Mönch gemacht! Einen freien und glaubensstarken Mann! Gott aber hat es gut gemacht.

Das Thema des heutigen Sonntags ist die Vergebung. Die heutige Predigtgeschichte erzählt von einer Vergebung. Sie gibt uns aber in besonderer Weise auf, über den **Grund von Vergebung** nachzudenken. Warum soll ich jemandem etwas vergeben? Weil es Jesus mir aufträgt? Oder weil man es als Christ eben so macht?
Die Geschichte von Josef und seinen Brüdern gibt eine bemerkenswerte Antwort: Weil Gott stärker ist als alles Unrecht, das mir geschehen ist. Deshalb kann das, was mir geschieht, gar nicht zum meinem Nachteil sein.
Dem möchte ich anhand von drei wesentlichen Gedanken in unserer Geschichte folgen.

Der erste Gedanke: **starke Schuld und starker Gott.**
Ein Gedanke, der viele Menschen, auch mich, gerade unserer Zeit immer wieder beschäftigt, ist: wie verhält sich die Stärke menschlicher Schuld zur Macht Gottes? Wir sind Zeugen gewaltiger Umweltzerstörungen, Akte von sinnloser Gewalt, von Blut und Tod. Wir erleben im Fernsehen gerade eine der schlimmsten Hungerkatastrophen in der Geschichte Afrikas und müssen zur Kenntnis nehmen, dass Naturgewalt und menschliches Versagen dabei Hand in Hand gehen. Und an jedem Tag, an dem nichts gegen das Unrecht auf dieser Welt unternommen wird, an dem die Verantwortlichen tatenlos zusehen, laden Menschen Schuld auf sich. Sich der eigenen Schuld auszusetzen ist sehr schwer. Als man den Kriegsverbrecher Mladic zum ersten Mal vor Gericht mit seinen Gräueltaten konfrontierte, Dinge, die er nachweislich getan hatte: da lehnte ab, weiter zuzuhören, weil da so „widerliche, monströse Worte“ gesprochen worden wären. Zu gewaltig ist das Maß der Schuld. Wir sehen das auch an den Brüdern von Josef. Sie halten die Konfrontation mit dem eigenen Versagen kaum aus und schicken zunächst einen Diener, bevor sie sich dann selbst vor Josef zu Füßen werfen.

Starke Schuld. Wo steckt Gott bei alledem? Es ist manchmal so, dass Gott uns mit aller Macht das Maß unserer Schuld vor Augen stellt und sich darin als der Stärkere erweist. Wie haben das die Deutschen am Ende des Zweiten Weltkrieges erlebt, die Bewohner der Dörfer Sachsenhausen und Buchenwald und Dachau, als sie von den Siegermächten gezwungen wurden, sich all das anzusehen, was da vor ihrer Haustür Entsetzliches passiert war? Und wie wird uns heute vor Augen geführt, wie wir uns bei unserem Traum von Wohlstand und Sicherheit viel zu sehr auf Wirtschaftsbosse, Banken und Spekulanten verlassen haben, wie wir ihren Wachstumsversprechungen geglaubt haben und oft genug selbst den Hals nicht voll gekriegt haben? Dass **Gott sich als der Stärkere** erweist, das ist mitunter eine Einsicht, die wir mühsam, mit Angst und Zagen, erringen müssen, wie die Brüder Josefs. Sie müssen einsehen, dass ihre eigenen Pläne böse waren und werden gnadenlos damit konfrontiert. Aber sie dürfen, und das ist das Wunderbare an dieser Geschichte, sie **dürfen auch erfahren**, dass **Gott der Stärkere** ist. Kein menschliches Handeln, und sei es noch so böse, kann Gott seiner Macht und seiner Würde berauben.

Der zweite Gedanke: **Gottes Beschluss steht fest.**

Mit diesem Satz begründet Josef, warum er seine Brüder nicht bestrafen wird. *Was Gott beschlossen hat, das steht fest.*

Ein solcher Satz ist beruhigend und beunruhigend zugleich. Beruhigend, weil ich gewiss sein kann, dass die Linien meines Lebens in Gottes Hand eingeschrieben sind. Nichts geschieht ohne Seinen Willen. Egal, wie fern ich mich von ihm fühle und wie verfahren meine Lage ist: Gott ist immer nur dieses eine Gebet weit entfernt. Befreiend und entlastend ist das auch deshalb, weil ich alle meine Sorgen, all die Menschen, mit denen ich es schwer habe, Gott selbst anvertrauen kann, denn auch sein Beschluss für meine Sorgen und Probleme steht ja fest, und sein Urteil über diese Menschen auch, daher brauche ich keines zu fällen.

Aber beunruhigend der Gedanke: wieviel Freiheit bleibt mir dabei? Sind wir für einen Gott, dessen Pläne schon längst feststehen, so etwas wie Schachfiguren im großen Weltenplan, die er dort hinschiebt, wo er will? Und

welchen Unterschied macht es, ob ich mich so oder so verhalte, ob ich gut bin oder schlecht?
Die Frage, inwieweit der Mensch wirklich eine Wahlfreiheit hat, d.h. ob er sich gegen Gottes Plan zum Heil für das eigene Unheil entscheiden kann, oder aber ob auch diese Entscheidung gegen Gott schon Teil des göttlichen Plans ist, hat Theologen seit Jahrhunderten beschäftigt; wir sprechen hier von der sogenannten Vorsehungs- oder Prädestinationslehre. Hätten die Brüder von Josef die Freiheit gehabt, sich gegenüber ihrem Bruder gut zu verhalten? Und wenn sie gut gewesen wären, hätte dann so vielen Menschen geholfen werden können, wie Josef es später sagt?

So wie der Mond eine helle und eine dunkle, uns verborgene Seite hat, so hat auch Gottes Ratschluss eine helle und eine uns verborgene Seite. Die verborgene Seite heißt: wir können nicht hinter die Entscheidungen Gottes blicken. Wir rühren hier tatsächlich an ein Geheimnis. Was wir sagen können, ist das, was sich durch die Bibel zieht wie ein roter Faden: immer wieder wird Menschen aufgegeben, Gott zu folgen und auf Ihn zu hören. Und immer wieder machen Menschen von ihrer Freiheit Gebrauch, diesem Ruf nicht zu folgen und nicht auf Gott zu hören. Und Gott wiederum hat die Macht, auch das lesen wir häufig in der Schrift, auch solche Menschen in seine Nachfolge zu rufen, wenn er es will. Die Geschichte von den Brüdern des Josef ist ein gutes Beispiel dafür. Wir tun im Übrigen gut daran, wenn wir auf die Frage nach dem *Warum* von Gottes Beschlüssen verzichten und stattdessen nach dem *Wozu* fragen, also danach sehen, **wo Gott uns hinführen möchte, was er mit uns vorhat.**

Und ein dritter Gedanke: **Gott hat Gutes entstehen lassen** – Ihr braucht nichts zu befürchten. Das sagt Josef seinen verängstigten Brüdern, die Strafe und Rache fürchten. Das ist für mich die helle Seite des Mondes. Gott lässt Gutes entstehen.
Wir sehen ja naturgemäß einen sehr begrenzten Ausschnitt unserer Existenz. Wir haben einigermaßen Zugang zu unserer Vergangenheit (auch da gibt's

schon vieles, was wir nicht kapieren), und sobald es um zukünftige Dinge geht, müssen wir passen. Der Überblick Gottes ist da ein ganz anderer. Gott sieht das Ganze. Er hat das Ende der Geschichte, auch meiner persönlichen Geschichte, bereits im Blick. Und da geht es nicht nur um mich, sondern um uns als Gemeinschaft. Da steht mein Leben in anderen Dimensionen und Zusammenhängen, als ich es überblicken kann. Josef bekommt eine Ahnung davon, wenn er sagt: *Durch meine hohe Stellung konnte ich vielen Menschen das Leben retten.* Er durfte erkennen: durch seinen Lebensweg ist er vielen Menschen zum Segen geworden.

Es gibt in Amerika eine sehr erfolgreiche Autorin und Evangelistin. Sie heißt Joni Eareckson Tada. Sie hat 35 Bücher geschrieben, die millionenfach verkauft wurden und in denen sie anderen Menschen über ihre Glaubensbeziehung Trost und Hilfe bietet. Wenn sie öffentlich auftritt, füllt sie ganze Fußballstadien und viele Menschen haben durch sie zum Glauben gefunden. Warum? Seit einem Badeunfall im Alter von 18 Jahren ist Joni Eareckson Tada querschnittsgelähmt, sie leidet seit Jahren an chronischen Schmerzen, 2010 wurde bei ihr Brustkrebs diagnostiziert. Trotzdem oder eben gerade deswegen ist sie für viele Menschen eine begeisterte Zeugin für die Wirklichkeit Gottes geworden. Kann man verstehen, warum ihr so etwas Schlimmes passiert ist? Nein! Das ist die dunkle Seite, aber die helle Seite ist: ohne sie wären viele Menschen geistlich ärmer. Es sah böse aus, aber Gott wollte es gut machen.

Es geht hier um mehr als um den sicherlich wahren Satz, das in jeder schlechten Sache auch etwas Gutes steckt. Die Josefsgeschichte wäre damit nicht in ihrer Tiefe erfasst. Was die Brüder getan haben, war böse! Und Böses bleibt böse, Schlimmes ist schlimm, die Finsternis bleibt finster! Und es ist manchmal so, dass wir im Glauben da **hindurch** müssen, mitten durch die Dunkelheit. Und dass wir weitergehen, auch wenn wir nicht überblicken, wohin das führt, im Vertrauen, dass es gut ist – vielleicht nicht für mich! Vielleicht nur für die Anderen oder für das Ganze, das ich nicht sehe. In dieser

Überzeugung ist Dietrich Bonhoeffer gestorben: Ihr wolltet es böse machen, Gott aber gedachte es gut zu machen.

Am Schluss ein ganz wichtiger Satz; Josef sagt ihn zu seinen Brüdern: ich werde für Euch sorgen. Das ist es, liebe Gemeinde, was Gott auch für uns vorhat: **dass er für uns sorgen wird**. Egal wie groß die Schuld ist: Gott ist stärker. Egal wie unsicher wir durchs Leben gehen: Gottes Beschluss für uns steht fest. Er hat Gutes vor: wir brauchen nichts befürchten. Amen.

Das Feuer

Predigt am 14.Sonntag nach Trinitatis über 1.Thessalonicher 1,2-9

Brandgeruch – wieder war es der Brandgeruch, der ihn aufweckt. Das fahle Licht des Morgens dringt durch das schmale Fenster seines Verließes. Langsam setzt er sich auf, die Knochen schmerzen nach der dritten Nacht, die er nun schon auf der faulenden Holzpritsche zugebracht hatte. Er blickt hinauf und sieht ein Stück Himmel. Stampfende Schritte nähern sich, Staub wirbelt in den Kerker. Er sieht die Beinpanzer und die Riemen an den Füßen der Kohorte, die gerade vorbeizeiht. Der Gefängnishof erwacht zum Leben. Er hört raue, abgehackte Befehle; eine schwere Holztür fällt ins Schloss.

Dieser Brandgeruch...er durchdringt alles. Diese Bilder wird er nie vergessen: das Lodern der Flammen, das Krachen, die Schreie der Menschen. Tagelang hatte Rom gebrannt; große Teile der Stadt lagen in Schutt und Asche. Die Trümmer rauchten noch, da waren die ersten Brüder und Schwestern schon verhaftet. Die Anklage war lächerlich: die Christen hätten das Feuer gelegt, als Zeichen des Widerstands gegen den Kaiser und die römische Macht. Die Geschwister waren in heller Aufregung. Angst ging um. Die Geschwister in Rom litten schon lange unter den Repressalien, dem Kult, den vielen Schmähungen und Zurücksetzungen. Doch ihr Glaube war stark gewesen. Aber nach dem Brand standen die Kohorten auch im Haus der Patricia, ihrer Gastgeberin.

Der Mann blickt erneut durch die kleine Fensteröffnung in den Morgenhimmel. Er hatte zu einer kleinen Delegation der Gemeinde aus Thessaloniki gehört. Sie wollten die Gemeinde in Rom unterstützen in diesen Tagen, ihnen zeigen, dass man für sie betete und ihnen beistand. Schließlich saß auch Paulus hier schon einige Jahre im Gefängnis. Nun waren sie unversehens zusammen mit den anderen eingesperrt worden.

Er atmet tief durch. Brandgeruch. Er spürt, dass etwas anders ist als sonst. Das war keine der üblichen Verhaftungsaktionen. Er hat den Hass in den

Augen der Soldaten gesehen. Eine merkwürdige Spannung liegt in der Luft. Es riecht nach Angst und Tod.

Unwillkürlich keucht der Mann und lehnt sich schwer an die Wand seiner Zelle. Er merkt, wie die Angst ihn packt wie eine eiserne Zange. „O Herr Jesus", murmelt er, „Jesus Christus, Gottes Sohn, Retter!" Er lässt sich auf die Pritsche sinken und schließt die Augen. Seine Gedanken wandern zurück zu diesem Tag vor 14 Jahren. Die ganze Gemeinde in Thessaloniki war zusammengelaufen. Paulus hatte geschrieben, sein erster Brief an die Gemeinde, nachdem er sie gegründet hatte. Der Mann muss unwillkürlich lächeln. Auch er war gerade erst Christ geworden damals, hatte die begeisternde Predigt des Paulus erlebt. *„Bekehrt euch von den Abgöttern und dient dem einen und lebendigen Gott!"* Das waren Worte wie Blitze gewesen, und sie trafen den damals noch jungen Mann mitten ins Herz. Diesem Gott dienen – ja, das wollte er von Herzen gerne. Er wollte Jesus gerne sehen, den Sohn vom Himmel, wie Paulus es gesagt hatte, der uns vom zukünftigen Zorn errettet. Sein Leben sollte fortan Jesus gehören. Der Mann erinnert sich lächelnd an seine Begeisterung damals, an den Tag seiner Taufe, wo er es mit bebendem Herzen versprach: Ja, Herr, ich gehöre dir!
Dann war Paulus fort, und eine Weile lang lief alles gut. Aber bald schlich sich der alte Trott wieder ein. Es gab Streitereien und Eifersüchteleien. Die versprochene Wiederkunft des Herrn ließ auf sich warten; einige Geschwister waren bereits verstorben. Deshalb auch die Aufregung, als der Brief kam. Was würde Paulus sagen? Würde er sie schelten, verurteilen? Und was war mit den Verstorbenen? Würden sie die Herrlichkeit Jesu noch sehen?
Der Mann erinnert sich noch genau an die gespannte Ruhe, als der Presbyter begann, den Brief vorzulesen:

Wir danken Gott von ganzem Herzen für euch alle, jedes Mal wenn wir für euch beten. Vor Gott, unserem Vater, werden wir daran erinnert, mit welcher Selbstverständlichkeit ihr euren Glauben in die Tat umsetzt, mit welcher Liebe ihr für andere sorgt und mit welcher Hoffnung und Geduld ihr auf das Kommen unseres Herrn Jesus Christus wartet.

Paulus hatte gedankt! Damit hatte niemand gerechnet. Paulus und Barnabas hatten nicht gewütet und gescholten, sondern Gott gedankt. Sie hatten Gott gedankt für das geduldige Hoffen, die mühevolle Arbeit der Gemeinde. Oh ja, sie waren fleißig gewesen und hatten besonders den Armen in der Gemeinde viel Gutes getan. In der Hafenstadt waren die Christen überdies eine kleine Minderheit; Verleumdungen und Repressalien durch die anderen waren an der Tagesordnung. Nun erfuhren sie von Paulus, dass dieser im beständigen Dankgebet vor Gott stand, dass er alles Tun und Hoffen der Gemeinde im Gebet begleitete! Das war eine große Freude für alle, und ein bisschen stolz waren sie auch. „*Wir wissen, liebe Brüder und Schwestern*", hatte Paulus weiter geschrieben,

dass Gott euch liebt und auserwählt hat. Denn wir haben euch die rettende Botschaft verkündet, nicht allein mit Worten, sondern Gottes Macht wirkte durch uns. Sein Heiliger Geist stand uns bei, und so hatten wir große Überzeugungskraft. Ihr wisst selbst, wie wir uns verhielten, während wir bei euch waren: Alles, was wir getan haben, geschah für euch.

Er kann sich noch genau an die atemlose Stille erinnern, in der diese Worte verhallten. „Wir wissen, dass Gott euch auserwählt hat." Genau das war ja das Problem gewesen! Als Paulus noch in der Gemeinde war, gab es eine Art religiöse Hochstimmung. Er schüttelte jedem die Hand, unterhielt sich mit jedem. Die Leute in der Gemeinde liebten ihn, und auch die Heiden konnten nicht umhin, ihm einen gewissen Respekt zu zollen. Aber bald, nachdem er abgereist war, kam der Alltag wieder. Im Laufe der Zeit war die Erwählung dann immer unsicherer geworden. „Was seid Ihr Christen doch für Spinner", hieß es oft höhnisch. War das Leben ohne Gott nicht wesentlich leichter gewesen? Es gab so viele offene Fragen, so vieles war vage und unfertig.
Paulus hatte die Gemeinde in seinem Brief an die Kraft erinnert, die sie am Anfang gespürt hatten. Ja, da war etwas passiert, was man schlecht erklären

kann. Es war über sie gekommen, eine plötzliche Einsicht, ein Gefühl von großer Nähe und Wärme. Etwas, das man nicht „machen“ oder selbst produzieren konnte: eine Gewissheit eben. Wie soll man eine Glaubensgewissheit erklären. Jedenfalls war es ein schönes, ein sehr befreiendes Gefühl.
Sie hatten in Thessaloniki damals diese Zeilen aufgesaugt wie ein Schwamm. Die Worte gaben ihnen Kraft und Selbstsicherheit zurück. Was hatte Paulus noch geschrieben?

Nun seid ihr unserem Beispiel und dem unseres Herrn gefolgt. Und obwohl ihr deswegen viel leiden musstet, habt ihr Gottes Botschaft mit einer solchen Freude aufgenommen, wie sie nur der Heilige Geist schenken kann.

So seid ihr für die Christen in ganz Mazedonien und in der Provinz Achaja zum Vorbild geworden.
Aber nicht nur dort hat sich die Botschaft des Herrn durch euch verbreitet, auch an vielen anderen Orten spricht man von eurem Glauben, so dass wir darüber nichts mehr berichten müssen.

Das zu hören tat gut. Nicht dass damit alle offenen Fragen beantwortet gewesen wären. Aber Paulus hatte damals versucht ihnen zu helfen, sie zu ermutigen und zu unterstützen. *„Betet ohne Unterlass“*, forderte er später in dem Brief, und *„seid dankbar in allen Dingen“*. Sie waren tatsächlich auf neue Weise dankbar geworden: dankbar für Paulus, dankbar für ihren Glauben, ihre Hoffnung, ihre Liebe. Dankbar auch füreinander.

Die Tür wird aufgestoßen und reißt den Mann aus seinen Gedanken. Ein mürrischer Wärter bringt das Frühstück: Brot und abgestandenes Wasser. Im nächsten Moment ist der Legionär verschwunden. Der Geruch von Schweiß und Leder hängt in der Luft.
Die Wärter waren von den Christen verunsichert, das merkte man. Sie konnten sich keinen Reim aus diesen Menschen machen, die sich nicht wehrten, die friedlich blieben, aber standhaft und hart bis zum Ende. Sie

weigerten sich, vor den Standbildern des Kaisers niederzuknien und ihn „Herr“ zu nennen. Die meisten Soldaten behandelten sie sehr misstrauisch, aber man erzählte sich auch, dass einige Soldaten sogar zum Glauben gekommen wären. Wieder ein Grund, um dankbar zu sein, überlegt der Mann, als er an einem Stück Brot kaut. Gott tut Dinge, die nach menschlichem Ermessen niemals möglich wären. Er verändert Herzen. Er befreit von Angst. Er verleiht den Schwachen ungeahnte Kräfte. All das hatte er selbst erlebt, mit eigenen Augen gesehen! Nach der Mission des Paulus war in Thessaloniki doch nichts mehr so wie es vorher war. Auf dem Markt konnte man sich sicher sein, dass ein christlicher Händler einen nicht übers Ohr haute – na ja, zumindest am Anfang nicht. Später war das zunehmend vorgekommen. Angesehene Männer ließen ihre Sklaven frei. Reiche Kaufleute und arme Handwerker versammelten sich unter einem Dach und feierten gemeinsam Gottesdienst. *„Seid dankbar in allen Dingen“*: der Satz des Paulus aus dem Brief fällt ihm wieder ein. *„In allen Dingen“*. Die Härte dieses Satzes kommt ihm in seiner dunklen Zelle erst jetzt in den Sinn. Ist das nicht zynisch – dankbar sein auch hier und jetzt?

Er muss an Paulus denken, der noch immer im Gefängnis saß, oder schon wieder, und der von tiefer Dankbarkeit erfüllt war für die vielen, vielen Geschwister auf der ganzen Welt. Und er denkt an Jesus, der am letzten Abendmahl mit seinen Jüngern, den Tod vor Augen, dankt für Brot und Wein. Paulus hatte ihnen auch den Grund für seine Dankbarkeit geschrieben: es war seine Hoffnung auf Jesus und die Rettung, die er versprach. Jesus vor Augen haben, immer und in allen Dingen: das führte ihn zur Dankbarkeit.
War es vielleicht diese Dankbarkeit, die die Soldaten wütend machte, die Nero zur Raserei brachte, die Unverständnis und Ablehnung hervorrief: weil sie ihnen die eigene Unzufriedenheit, die eigene Leere so deutlich vor Augen stellte?

Quintus hatte den Befehl gleichmütig entgegengenommen: die Gruppe der Gefangenen aus Thessaloniki sollte wegen Hochverrats am römischen Kaiser

hingerichtet werden. Nero plante ein besonderes Schauspiel: die Delinquenten sollten Tierfelle angezogen bekommen und im Circus, vor den Augen der Menge, von scharfen Hunden zerfleischt werden. Nero selbst würde mit dem Streitwagen durch den Circus fahren, um dem Schauspiel aus nächster Nähe beizuwohnen.
Er marschiert mit einer Kohorte den langen Gang zum Zellentrakt der kleinen Gruppe. Vor der ersten Türe lässt er stoppen und betritt den Raum. Der Mann kniet auf dem Boden, im Gebet versunken. Als er die Wärter hört, dreht er sich um, erhebt sich langsam. Quintus sieht dem Mann in die Augen. Er sieht die Angst darin flackern. Aber Quintus ist verstört; denn er sieht noch etwas Anderes in seinen Augen, etwas, dass er sich nicht erklären kann. Es gehört irgendwie nicht hierher, nicht in diese Zelle, nicht in diese Welt. Quintus ist verwirrt, und er spürt – ja, auch er spürt eine seltsame Angst in sich aufsteigen. Dieses Gefühl macht ihn wütend. „Ihr verdammten Christen“, zischt er. Auf sein Zeichen hin packen ihn die Soldaten und führen ihn ab. Quintus steht alleine in der Zelle. Es riecht nach Feuer.

Möge Gott euch mit seinem Frieden erfüllen und euch helfen, ohne jede Einschränkung ihm zu gehören. Er bewahre euch, damit ihr fehlerlos seid an Geist, Seele und Leib, wenn unser Herr Jesus Christus kommt.
Gott hat euch ja dazu auserwählt; er ist treu, und was er verspricht, das hält er auch.
Betet auch in Zukunft für uns, liebe Brüder und Schwestern. (…)
Im Namen unseres Herrn bitte ich euch dringend, diesen Brief allen in der Gemeinde vorzulesen.
Die Gnade unseres Herrn Jesus Christus sei mit euch.

Das Gleichnis von den Puzzlesteinen

Eine Predigt zur Kirchweih

Liebe Gemeinde,

einmal kamen die Jünger zu Jesus und fragten ihn: Meister, wir sind ein bisschen ratlos. Wir feiern heute den Geburtstag unserer Kirche. Wir lieben diesen Ort und fühlen uns in uns in ihr wohl. Wenn wir uns sonntags sehen, verstehen wir uns gut. Und dennoch muss Kirche doch mehr sein als das! Sich gut zu verstehen - das kann doch nicht alles sein! Sag uns Meister, woran liegt das? Wie kann aus unserer Gruppe eine Gemeinschaft werden?

Jesus bat seine Jünger, sich erstmal hinzusetzen. Dann hub er an und erzählte ihnen dieses Gleichnis:

Mit der christlichen Gemeinschaft verhält es sich so wie mit einer Kirchengemeinde, die eines Tages an alle ihre Mitglieder einen Puzzlestein verschickte. Jeder, der in der Kartei stand, erhielt einen Puzzlestein. Die Leute betrachteten ihren Stein von allen Seiten, denn er war seltsam anzuschauen: bei einigen waren nur Linien und Formen zu sehen, bei anderen wiederum war nur eine Farbe auf dem Stein. Manche waren grün, andere grau, wieder andere bunt. Kein Puzzlestein war wie der andere. Und die Menschen verwunderten sich. Nach einer Weile sprach einer, nachdem er seinen Stein betrachtet hatte:

„Ei, was für ein wunderlicher Stein ist das! Ich sehe nur ein paar Striche darauf. Was soll er für einen Sinn haben? Damit kann ich nichts anfangen - dieser Stein erscheint mir sinnlos!"

Und er nahm seinen Stein und warf ihn weg.

Ein Anderer tat es ihm gleich, denn er hielt den Puzzlestein für einen geschickten Werbetrick. "Die wollen doch nur mein Geld", dachte er bei sich.

Eine andere sprach zu sich:

"Mein Stein enthält geheimnisvolle Formen, die ich nicht begreife! Sicher muss man erst studieren und ganz viel in der Bibel lesen, damit ich ihren Sinn verstehe. Ich glaube nicht, dass ich das kann."
Und sie steckte ihren Stein ehrfurchtsvoll in die Tasche, weil sie es sich nicht zutraute, ihn an die richtige Stelle zu setzen.

Ein anderer meinte: "Ich würde ja gerne mithelfen, den richtigen Platz für meinen Puzzlestein zu finden. Aber meine Arbeit lässt mir keine Zeit dazu. Heutzutage ist das sehr schwierig geworden - ich habe kaum noch Zeit und dann meine Familie: tut mir leid."
Und er steckte sein Puzzleteil in die Tasche für den Fall, dass er später irgendwann mal mehr Zeit hätte.

Wieder eine andere sagte zu sich: "Das ist ja eine schöne Idee mit dem Puzzle. Würde ich gerne mitmachen. Aber wir wohnen so weit draußen. Wir haben doch keinen Kontakt zur Gemeinde, und zu uns sucht auch keiner den Kontakt. Was soll ich also mitmachen, wenn ich keinen hier kenne?"
Und sie gab ihren Stein dem Pfarrer - vielleicht könnte er ja mehr damit anfangen.

Und weil ein paar Leute so dachten wie diese Frau, hatte der Pfarrer bald mehr Puzzlesteine übrig als Gemeindeglieder in seiner Kartei waren. Da sprach er zu sich: dieser da hat zwar schon einen Puzzlestein, aber ich will ihm noch zwei von meinen geben, denn das ist ein fähiger Mensch, den ich gerne sehe in der Gemeinde und auf den ich mich verlassen kann.
Und der Mensch, der schon einen Stein hatte, bekam noch zwei, und weil er von seinen beiden Nachbarn auch schon einen Stein bekommen hatte, hatte er auf einmal 5 Puzzlesteine und wusste gar nicht, wo er anfangen sollte. Da wurde der Mensch bedrückt und hatte Angst, noch mehr Jobs aufs Auge gedrückt zu bekommen.

Als es nun daran ging, das große Bild aus den Puzzlesteinen zusammenzusetzen, ein Foto ihrer Kirche, da liefen die Menschen zusammen, und ein jeder wollte das schöne Bild sehen, das da entstehen sollte. Denn sie waren ja stolz auf ihre Kirche. Aber in dem Bild waren Lücken und manche Teile fehlten einfach. Da entsetzten sich die Menschen und waren traurig. Aber sie dachten: „So ist das nun mal heutzutage. Da kann man nichts machen."

Als Jesus geendet hatte, schwiegen die Jünger betroffen. Schließlich sagte einer: Wir bitten dich, Meister! Was sollen wir tun?

Was sollen wir tun? Wie hätte Jesus auf diese Frage geantwortet, liebe Gemeinde?

Schauen wir doch mal in der Bibel nach! Da sagt Jesus an einer Stelle: „Ohne mich – könnt Ihr nichts tun." Das ist das wichtigste. Wo die Verbindung zum Leib verloren geht, kann das einzelne Glied: der einzelne Arm, das einzelne Bein etc. nichts tun. Es stirbt ab. Wenn wir als Gemeinde leben möchten, dann geht das eben nur, wenn wir Jesus Christus als Lebensader in uns wissen und das auch bekennen. Wir spüren ihn sich nicht immer – aber wir sollen es wissen; es ist uns zugesagt.

Wie ist dann dieses „Tun" zu verstehen? Eben gerade nicht so, dass wir nun unbedingt etwas tun **müssen**, immer mitarbeiten, immer helfen, immer aktiv sein! Das Gleichnis mit den Puzzlesteinen wäre damit gründlich missverstanden. Es geht um den Glauben, nicht ums Tun! Das Problem besteht vielmehr darin, dass unser Glaube, wenn er zur Privatsache wird, immer kraftloser, immer leerer wird. Aus einem *einzelnen* Puzzlesteinchen kann man allenfalls vage die Größe des gesamten Bildes erahnen: aber die Schönheit, die Lebendigkeit, die Orientierung vermittelt nur das ganze Bild. Und da ist jeder einzelne Stein einfach wichtig!

Das heißt konkret: wenn wir voneinander wissen, von unseren Freuden und Sorgen, von dem, was uns Angst macht und von dem, woran wir zweifeln: dann verzahnen wir uns wie die Puzzlesteinchen. Wenn wir uns füreinander interessieren, unser Leben und damit unseren Glauben miteinander teilen: dann spüren wir etwas von der Lebensader, die uns gemeinsam durchfließt.

Das klingt schwierig: in unserer großen Gemeinde, wo es so viele unterschiedliche Interessen, Ansichten und Meinungen gibt. In unserer Volkskirche, wo Sie zu den wenigen Prozent gehören, die überhaupt in den Gottesdienst gehen. Ja, es stimmt! Es ist auch nicht einfach, ein Puzzle aus 110 Teilen zusammenzusetzen. Tatsache aber ist: es geht! Das Bild ist vollständig, die Steine sind hier im Raum verteilt. Eine schwierige, aber eben machbare Aufgabe, aus den vielen Einzelteilen ein großes Bild zu puzzeln.
Evangelische haben es da immer etwas schwerer als die katholischen Mitchristen, denn es gibt einfach keinen, der sagt: da gehörst du hin, und da du. Wie wir unseren Glauben leben, ist in unsere Verantwortung gelegt. Aber das macht ja auch den Reiz des Lebens, auch des Gemeindelebens aus: dass jeder einen Platz hat und ihn finden kann – in großer Freiheit, aber auch in großer Verantwortung. Ich wünsche uns, dass an diesem Kirchweihtag etwas deutlich wird von der Schönheit und der Größe, mit der Gott seine Gemeinde beschenkt hat und mit der er sie durch das Meer der Zeit leitet. Ich wünsche uns, dass wir – weil noch manche Lücke da ist und vieles fehlt - nicht betroffen stehen bleiben und sagen: „Ja, so ist das nun mal heutzutage. Da kann man eben nichts machen." Mögen Sie den lebendigen Christus, der unter uns wohnt, hinaustragen in die Welt und andere damit einladen und anstecken. Amen.

Seid Sand, nicht Öl im Getriebe der Welt!

Predigt zum 450. Jahrestag der Einführung der Reformation in Marktredwitz 2010

Wir schreiben das Jahr 1529. Unruhige Zeiten. Die meisten deutschen Länder waren noch altgläubig, aber eine kleine Minderheit hatte sich Martin Luther und den Reformatoren angeschlossen. Kaiser Karl V. hatte noch 1526 gehofft, er könne die beiden Lager befrieden, indem er die Reichsacht gegen Martin Luther und seine ketzerische Lehre zum Teil aufhob. Nun, drei Jahre später, scheint die Unruhe nur noch größer geworden sen. Karl V. möchte endgültig Frieden und Ordnung wiederherstellen. Und wie das Herrscher so machen: sie hauen auf den Tisch. Basta. Und dieses „Basta" sieht so aus, dass die lutherische Ketzerei, weil „großer Unrat und Mißverstand" aus ihr entstanden sei, nunmehr verboten werden solle. Die Mehrheit des Reichstages stimmte diesem Beschluss zu, und man befahl der evangelischen Minderheit im Reichstag, sich „dem ordentlich und gehörig behandelten Beschlusse" der Mehrheit zu beugen.

Was nun geschieht, gilt als die Geburtsstunde des Protestantismus. Die sechs evangelischen Reichsfürsten und die vierzehn freien Reichsstädte, die sich der reformatorischen Bewegung angeschlossen hatten, beugten sich dem Mehrheitsbeschluss nicht und protestierten in einer förmlichen Schrift gegen die Ächtung Martin Luthers und forderten eine ungehinderte Ausbreitung des evangelischen Glaubens. Diese Protestschrift gab den Protestanten ihren Namen.

Seitdem Martin Luther 1517 seine 95 Thesen an die Tür der Schlosskirche zu Wittenberg nageln ließ, ist der Protest ein wesentliches Merkmal evangelischen Glaubens geworden. Denn mit der neuen Wertschätzung der alleinigen Autorität der Heiligen Schrift, mit der Hochschätzung des eigenen Gewissens geht auch der Machtverlust menschlicher und weltlicher Autoritäten einher. Martin Luthers „Hier stehe ich und kann nicht anders" auf dem Wormser Reichstag brachte ihm die Reichsacht ein, weil er sich der kirchlichen und der weltlichen Autorität widersetzte und sich dabei alleine auf sein Gewissen und die Bibel berief.

Die Freiheit des Gewissens ist seitdem ein Kulturgut geworfen, dass in nationales und ins Völkerrecht Eingang gefunden hat. Diese Gewissensfreiheit trägt den Keim des Protestes in sich, weil sich das Gewissen einer staatlichen oder autoritären Gewalt entzieht. Viele Christen haben seit diesen Tagen in Speyer die Kultur des Protestes gepflegt und entwickelt, nicht selten sind sie dafür verspottet, gegeißelt, bestraft und getötet worden. Bekannte Namen wie der eines Dietrich Bonhoeffer gehört ebenso dazu wie die vielen namenlosen Christinnen und Christen, die bis zum heutigen Tag „Sand, nicht Öl im Getriebe der Welt" sind, ein Ausspruch des Schriftstellers Günter Eich, den wir später noch einmal hören werden.

Wenn wir von Protest sprechen, gilt es zunächst, einen weitverbreiteten Irrtum zu thematisieren, nämlich dass jemand, der protestiere, ein Nörgler, Miesepeter und Unruhestifter sei. Zu protestieren gefährde Eintracht und Frieden, und als Christ müsse man doch Frieden stiften anstatt zu protestieren.

Protest ist an sich nichts Schlechtes, im Gegenteil. Dem lateinischen Wortsinn nach bedeutet „protestieren": für etwas Zeugnis ablegen. Wer als Christ protestiert, legt ein Zeugnis ab, und zwar über seine Bindung an Jesus Christus. Ihm alleine ist ein Christ verpflichtet, deshalb ist ein Christ nach Martin Luther ein „freier Herr aller Dinge und niemandem untertan". Gleichzeitig aber ist einer, der pro-testiert, auch einer, der um die Wahrheit ringt. Er behauptet nicht, sie zu besitzen, aber ihm liegt daran, dass die Wahrheit sich durchsetzt. Wenn ein Christ protestiert, dann tut er es also um seiner Bindung an Jesus Christus und um der Liebe zur Wahrheit willen, denn „Gott will, dass allen Menschen geholfen werde und sie zur Erkenntnis der Wahrheit kommen", wie es in einem der Paulusbriefe heißt. Und deshalb ist das Protestieren auch eine Grundbewegung des Gläubigen, typisch evangelisch.

Typisch evangelisch – das ist hier nicht konfessionell gemeint. Ich sprach von einer Grundbewegung jedes gläubigen Christenmenschen, wie sie von Jesus im Evangelium vorgelebt wird. Jesus war ein Protestant im wortwörtlichen

Sinne: den Römern ein Dorn im Auge, denn Juden ein Ärgernis, unbequem und mit Forderungen, die als unerfüllbar kritisiert wurden. Dass dieser Protest nicht mit dem Tod am Kreuz endete, sondern mit der Auferstehung ein erfolgreicher Widerstand gegen den Tod wurde, war nun für die Menschen seiner Zeit eine gewaltige Provokation, und sie ist es bis heute geblieben. Schon Paulus stellt fest, dass dieses Wort vom Kreuz für viele Menschen ein großes Ärgernis ist, ja als blanke Dummheit abgetan wird. Jesus war der fleischgewordene Widerspruch zum Kreislauf von Werden und Vergehen, der Widerspruch zum Recht des Stärkeren und zur Diktatur der Mächtigen. Er war ein Protestant gegen das „es war schon immer so" und gegen das „es wird sich nie etwas ändern". Deshalb wird jeder, der sich ernsthaft auf den Weg der Nachfolge macht, egal ob evangelisch oder katholisch, über kurz oder lang zum Protestanten bzw. zur Protestantin, und zwar in mehrfacher Hinsicht. Drei Aspekte möchte ich besonders hervorheben.

In der Nachfolge Jesu werden wir zu Protestanten gegen den Tod.

„Protestleute gegen den Tod", so hat der Theologe und Mystiker Christoph Blumhardt die Christen einmal genannt. Es gibt da den lauten, den offenkundigen Protest eines Jesus von Nazareth. Sein Protest gegen den Tod sah so aus, dass das Grab am Ostermorgen leer war. Deutlicher konnte der Sieg des Lebens gar nicht ausfallen. Es gibt aber auch die stillen Protestleute, die mutig und trotzig zeigen, dass der Tod nicht das letzte Wort hat. Vor einigen Tagen war in der Zeitung zu lesen, dass die Mutter eines 18-jährigen Gymnasiasten aus Hof, der beim Schulschwimmen ertrunken war, ganz gefasst reagiert habe: ohne Schuldzuweisungen, ohne Hass und Groll. Ihr Sohn sei jetzt unterwegs zu Gott und in sein Reich, erklärte sie dem Reporter, der wohl im entkirchlichten Osten nicht mit gläubigen Menschen gerechnet hatte.

Was für eine Größe und Glaubensstärke spricht aus diesen Worten? Da legt jemand in all seinem Schmerz ein Zeugnis ab für den Sieg Gottes über den Tod - unglaublich! Und was für ein Kontrast zu denen, die sich mit dem Tod einfach nicht abfinden können; die gegen Gott aufbegehren anstatt gegen den Tod zu protestieren?

Die Wurzel des allen Protestes ist der Widerstand gegen die allgegenwärtige Macht des Todes. Überall dort, wo das Leben zerstört wird, wo Menschen versklavt werden und in Unfreiheit gehalten werden, wo der Tod das letzte Wort zu haben beansprucht: da ist ein Christ aufgerufen, ein Zeugnis abzulegen und zum Protestanten zu werden. Denn noch einmal: Protest heißt nicht, die Realität des Todes zu leugnen oder gegen den Tod zu sein. Das ist so, als wäre jemand gegen das Wetter. Sondern öffentlich Zeugnis ablegen, dass der Tod nicht den Sieg über das Leben errungen hat, wie es die Mutter aus Plauen sagen konnte, oder wie es die Natur zeigt, wenn es draußen Frühling wird. Dieser Protest speist sich aus dem Glauben an das leere Grab.

Aus dieser Wurzel speist sich **der Protest gegen die Herrschaft fremder Mächte.**

Die Barmer Theologische Erklärung von 1934, eine der wichtigsten Bekenntnisschriften unserer Kirche, die Sie auch in unserem Gesangbuch finden, ist eine Protestschrift gegen die Herrschaft der Nationalsozialisten, die ihre Finger krakengleich auch nach der Kirche ausgestreckt hatten. „Wir verwerfen die falsche Lehre“, heißt es da, „als könne und müsse die Kirche (...) außer oder neben diesem einen Worte Gottes auch noch andere Ereignisse und Mächte (...) als Gottes Offenbarung anerkennen.“[10] Die logische Konsequenz des Glaubens an den Sieg Gottes über den Tod ist die Absage an alle fremden Mächte und Gewalten. Für die Verfasser der Barmer Theologischen Erklärung war das Bekenntnis zum Führer nicht mit dem Glauben an den einen Gott zu vereinen. Und auch später haben Protestanten in der Nachfolge Jesu immer wieder fremde Herrschaftsansprüche und Angriffe auf die Freiheit der Christenmenschen abgewehrt. Ein Beispiel dazu aus der jüngeren DDR-Geschichte ist der thüringische Pfarrer Oskar Brüsewitz, der mehrfach und öffentlich gegen die Unterdrückung von

[10] Barmer Theologische Erklärung, in: Evangelisches Gesangbuch für Bayern und Thüringen, München ^{2}1995, S.1578.

kirchlichen Jugendgruppen protestierte, die Benachteiligung christlicher Kinder in den Schulen anprangerte und dem Kommunismus vorwarf, die Jugend zu verderben. Aus Hilflosigkeit und Protest übergoss er sich im August 1978 vor der Michaeliskirche in Zeitz mit Benzin und verbrannte sich selbst. Das „Fanal von Zeitz" warf zum ersten Mal in der DDR-Geschichte ein krasses Licht auf das Unrecht im sozialistischen Teil Deutschlands und war einer der Auslöser der breiten subkirchlichen Protestbewegung, die schließlich in die Ereignisse des Herbstes 1989 mündeten.

Ist die Fremdherrschaft aber nur ein Thema des Kalten Krieges oder einer Diktatur? Menschen wie Bonhoeffer und Brüsewitz waren bekannte Protestanten, aber wie sehen die Protestanten des 21.Jahrunderts aus?

Wenn man diese Frage einem Katholiken stellt, dann bekommt man meistens eine Antwort wie diese: die Protestanten dürften viel mehr, da gehe es viel lockerer zu, die seien nicht so streng. Alles sei irgendwie erlaubt, das Zusammenleben von schwulen Pfarrern und das Heiraten und dass man nicht beichten müsse.

Schade! Schade, dass wir nicht daran erkennbar sind, dass wir protestieren! Dass wir nicht mit allem einverstanden sind, dass wir uns nicht zufrieden geben mit dem Zustand der Welt! Stattdessen gehen wir es locker an, sehen es nicht so eng, sind großzügig, denn schließlich ist Gott ja auch großzügig. Die Welt macht, was sie will – und wir machen mit.

Aber protestantisch sein und mitmachen: das ist ein Widerspruch in sich. Wir als die Protestanten des 21.Jahrhunderts, und damit bin ich beim dritten Punkt, müssen diejenigen sein, die der Sand im Getriebe der Welt sind, so wie Günter Eich es in einem Gedicht ausgedrückt hat:

Nein, schlaft nicht, während die Ordner der Welt geschäftig sind! Seid mißtrauisch gegen die Macht, die sie vorgeben für euch erwerben zu müssen! Wacht darüber, daß eure Herzen nicht leer sind, wenn mit der Leere eurer Herzen gerechnet wird! Tut das Unnütze, singt die Lieder, die man aus eurem

Mund nicht erwartet! Seid unbequem, seid Sand, nicht das Öl im Getriebe der Welt! [11]

Nicht schlafen, während die Ordner der Welt geschäftig sind, wachsam sein: das alles sind auch biblische Aufforderungen. Jesus erwartet von seinen Jüngerinnen und Jüngern Wachsamkeit. Vieles in unserem Alltag möchte uns ablenken, einlullen, träge machen. Es gibt heutzutage viele Möglichkeiten, einen Menschen auch ohne Medikamente oder Rauschmittel zu sedieren: durch den Computer und das Fernsehen, durch die Arbeit oder eine Fülle von Freizeitangeboten. Aber gerade das vergangene Jahr hat gezeigt, wie wichtig es ist, nicht zu schlafen, wenn die Ordner der Welt geschäftig sind. Der beständige Protest gegen Temelin ist ein Beispiel, gegen den Aufmarsch von Nazis in Dresden oder gegen einen faulen Atomkompromiss. Da waren und sind wache Zeitgenossen am Werk, oft genug Christen mit einem lebendigen Sinn für das Leben und die Mächte, die das Leben gefährden.

Christen sollen eben nicht immer wieder das gleiche Lied singen. Sie sollen nicht einstimmen in den Chor der schönen neuen Welt, sie sollen auch nicht den Ton angeben oder ihre Klagelieder über die eigene Bedeutungslosigkeit singen. Christen sollen Lieder singen, die man aus ihrem Mund nicht erwartet: sperrige, schiefe, unpassende, freche, aufmümpfige Lieder: aber Lieder, die Gott zur Ehre gesungen werden, auch wenn es gerade nicht passt. Mir gehen die Bilder der Menschen nicht aus dem Kopf, die in diesen Tagen in Ägypten den Koran in der einen und das Kreuz in der anderen Hand hielten. So liefen sie durch die Straßen und hatten keine Hand frei, um zu schlägern oder zu plündern. Das hatten die Auf- und Antreiber nicht erwartet, eine völlig überraschende Geste. Geschenke des Heiligen Geistes sind das, die wir schon von den Propheten des Alten Testaments kennen: die oftmals eine unbequeme Wahrheit aussprechen mussten, die der Sand im Getriebe einer selbstverliebten Welt waren. *Dem Rad in die Speichen fallen*, so hat es Bonhoeffer genannt, aus Liebe zu den Menschen, die sonst unter die Räder

[11] Günter Eich: Träume (1950), in: Günter Eich, Fünfzehn Hörspiele, Frankfurt 1981, S. 88

kommen würden. Und das heißt ganz konkret: nicht mitmachen, wenn gegen Hartz IV-Empfänger und Ausländer hergezogen wird, weil die angeblich alles mit dem goldenen Löffel reingestopft bekommen, was wir hart erarbeiten müssen. Nicht das „money, money, money"-Lied der Welt mitzusingen und wachsam zu sein, wenn die Kinder und die alten Menschen nur noch Kostenfaktoren sind, wenn Menschen in Erwerbslose und Erwerbstätige eingeteilt werden, wenn das Geld zum Maß der Dinge wird: wieviel man hat und wieviel man braucht und wie man am schlauesten welches bekommt.

Allen, die jetzt einwenden, dass ein Protestant ein Moralist und Gutmensch sein müsste, denen sage ich: ja, es stimmt. Und es ist eine Tragik der Geschichte, dass der Protestantismus deshalb den Charakter des Sauertöpfischen bekam. Denn man kann und darf durchaus ein Moralist und Gutmensch sein, ohne sauertöpfisch zu werden. Die Liebe macht das möglich. Wo wir als Protestierende angetrieben sind von der Liebe Gottes zu den Menschen, wo diese Liebe zu den Menschen mit all ihren Brüchen und Sehnsüchten herrscht, sind wir gute Zeugen für die Wirklichkeit Gottes und damit gute Protestanten. Dann sind wir Licht der Welt und Salz der Erde, dort wo Jesus uns haben möchte. Protestanten werden dringend gebraucht. Amen.

Die Botschaft der Zehn

Predigt zum Ewigkeitssonntag über Matthäus 25,1-13

Wenn der Menschensohn seine Herrschaft antritt, wird es sein wie bei zehn Mädchen, die bei einer Hochzeit als Brautjungfern mit ihren Lampen den Bräutigam abholen sollten. Nur fünf von ihnen waren so klug, sich ausreichend mit Öl für ihre Lampen zu versorgen. Die anderen dachten überhaupt nicht daran, genügend Öl mitzunehmen.
Als sich die Ankunft des Bräutigams verzögerte, wurden sie alle müde und schliefen ein. Plötzlich um Mitternacht wurden sie mit dem Ruf geweckt: 'Der Bräutigam kommt! Steht auf und geht ihm entgegen!' Da sprangen die Mädchen auf und bereiteten ihre Lampen vor.
Die fünf, die nicht genügend Öl hatten, baten die anderen: 'Gebt uns etwas von eurem Öl! Unsere Lampen gehen aus.' Aber die Klugen antworteten: 'Unser Öl reicht gerade für uns selbst. Geht doch in den Laden, und kauft euch welches!'
Da gingen sie los. In der Zwischenzeit kam der Bräutigam, und die Mädchen, die genügend Öl für ihre Lampen hatten, begleiteten ihn in den Festsaal. Dann wurde die Tür verschlossen.
Später kamen auch die fünf anderen. Sie standen draußen und riefen: 'Herr, mach uns die Tür auf!' Aber er erwiderte: 'Was wollt ihr denn? Ich kenne euch nicht!'
Deshalb seid wach und haltet euch bereit! Denn ihr wisst weder an welchem Tag noch zu welchem Zeitpunkt der Menschensohn kommen wird."

Liebe Trauernde, zunächst möchte ich Sie besonders begrüßen, die Sie unserer Einladung gefolgt sind, weil Sie im zurückliegenden Kirchenjahr einen lieben Menschen verloren haben. Ein Jahr, in dem Sie Vieles erlebt und Vieles durchgemacht haben. Der Tod hat ein Loch in Ihr Leben gerissen, hat ein Kapitel im Buch Ihres Lebens beendet. Manche von Ihnen haben den Tod als Erlösung empfunden, andere von Ihnen wiederum haben ihn als hart, ungerecht und grausam erlebt. Was Sie und uns alle, die wir heute zusammengekommen sind, verbindet, ist: dass wir uns wie auch immer auseinandersetzen müssen mit dem Zeitpunkt, den unser Gleichnis „Hochzeit" nennt. Das ist der Zeitpunkt, an dem für jeden von uns persönlich die Ewigkeit beginnt. Warten dort, hinter der Tür zum Festsaal, unsere Verstorbenen auf uns? Werden wir sie wiedersehen? Und wie steht es um mich, um mein Verhältnis zum Tod und den Dingen, die danach auf mich zukommen? Ist das alles nur Spekulation, oder Einbildung? Oder ist das, was wir am Grab eines jeden Ihrer Angehörigen gesagt haben, mehr als bloße Hoffnung, ein Licht am Ende des Tunnels, durch den Sie als Angehörige hindurch müssen?

Spekulation oder Hoffnung: das ist auch die Frage im Gleichnis von den zehn Jungfrauen. Es ist ein Gleichnis für unseren Umgang mit der Ewigkeit, der großen Hochzeitsfeier. Für die einen: bloße Spekulation. Für die anderen: das Licht am Ende des Tunnels. Wie immer wir das beurteilen: Jesus jedenfalls hat uns alle zu dieser Feier eingeladen, und diejenigen, deren Namen wir heute vorlesen, sind dieser Einladung bereits gefolgt. Die Frage ist: wie gehen wir mit dieser Einladung um?

Jesus erzählt uns im Bild der zehn Jungfrauen von verschiedenen Weisen, wie Menschen mit dieser Einladung Gottes umgehen können. Und wie immer, wenn Jesus ein Gleichnis erzählt, tut er dies, um die Seele des Menschen für Gott zu gewinnen-nicht, um sie zu bedrohen oder zu verängstigen.

So auch hier. Die zehn Jungfrauen, das ist ganz klar, stehen im Bild für diejenigen, die Jesus auf seiner großen Feier gerne als Gäste dabeihaben möchte - also uns alle, die wir hier sitzen. Und so wie die zehn Jungfrauen haben wir alle die gleiche Einladung erhalten, sind wir alle mit dem gleichen Licht der göttlichen Liebe ausgestattet worden, haben alle den werbenden Ruf Gottes gehört: Kommt her zu mir alle, die ihr mühselig und beladen seid - ich will euch erquicken!

Auch die Jungfrauen haben alle die Einladung bekommen. Unterschiedlich ist nur die Reaktion auf diese Einladung. Irgendetwas hält fünf von ihnen davon ab, die Einladung so ernst zu nehmen, wie es angemessen wäre. Sie verzichten im Gegensatz zu den anderen fünf auf die Reserve.

Ich frage mich: warum? Was hält die fünf Mädchen davon ab, auf Nummer sicher zu gehen und die Einladung so ernst zu nehmen, wie sie gemeint war? Und weiter gefragt: Was hält uns davon ab, angesichts des Todes, der ja für jeden von uns sicher ist und dem fast jeder von uns schon einmal ganz hautnah begegnet ist, was also hält uns davon ab, uns auf diese Begegnung mit Jesus, auf das große Fest zu freuen? Warum tun wir es spekulativ, zu weit entfernt, unrealistisch oder irrelevant für unser Leben ab?

Wenn man über diese Fragen ein bisschen nachdenkt, wird man möglicherweise auf Antworten stoßen, die einem gar nicht so fremd vorkommen. Denken wir noch einmal an die fünf jungen, in unserem Gleichnis „gedankenlos" genannten Frauen-ich glaube, das trifft es besser als Luthers Übersetzung mit „töricht", was nach „dumm" klingt. Denn dumm waren sie nicht, die fünf Mädels. Ich kann mir gut vorstellen, dass die erste sogar ziemlich begeistert war: „Wow, ein Fest! Und ich bin eingeladen! Das darf ich auf keinen Fall verpassen! Ich muss die erste sein!" Sie stürmt los, ohne weiter nachzudenken, begeistert von der Einladung. Aber als der Einladende sich verspätet und es dauert und dauert: da lässt die Energie nach. Das Feuer der ersten Begeisterung reicht nicht aus, und als der Bräutigam kommt, ist nichts mehr davon übrig.

Vielleicht kann sich der eine oder die andere von ihnen wiedererkennen: in der Begeisterung für den Glauben und die schönen biblischen Geschichten aus den Kindertagen, im Erlebnis von Geborgenheit, das der Kinderglaube vermitteln kann. Aber das Leben hat Sie enttäuscht, und die Begeisterung hat mancher Verbitterung Platz gemacht-jetzt ist nichts mehr übrig von diesem Licht der ersten Jahre.

Die zweite Jungfrau stelle ich mir vor als diejenige, die zunächst abwartet, was passiert. „Einladung?" denkt sie. „Das schau ich mir erstmal an, was das für eine Einladung ist, und wer da überhaupt einlädt. Vielleicht will ich da gar nicht hin? Und womöglich ist der Bräutigam total unsympathisch! Lieber mal vorsichtig angehen und dann weitersehen!“ Und als dann der Bräutigam vor ihr steht und sie gerne mitgehen würde, weil sie sich jetzt ja überzeugt hat-als also der Bräutigam kommt, ist nichts mehr übrig in ihrer Lampe.

Auch in der vorsichtigen Jungfrau wird sich vielleicht der eine oder die andere wiederfinden können: im vorsichtigen Ausloten, im skeptischen Prüfen und rationalen Abwägen. Da fällt der Glaube schwer, weil er so wenig greifbar oder beweisbar ist, weil er keiner rationalen Überprüfung standhält. Der letzte vertrauensvolle Schritt will einfach nicht gelingen.

Die dritte Jungfrau ist gleichgültig. Kommt der Bräutigam, ist es gut. Kommt er später – auch gut. Komme ich später – irgendeinen Weg wird es schon geben, um noch zum Fest zu kommen. Letztlich spielt es keine Rolle - denkt sie -, denn irgendwie gelangt ja doch jeder in den Festsaal. Als sie aus ihrer Lethargie wachgerüttelt wird, ist es zu spät.

Die Gleichgültigkeit gegenüber dem, was uns nach dem Tod erwartet, ist das Hauptproblem unserer christlichen Kultur geworden. Wir merken es daran, wie mit dem Tod, mit Krankheit und Sterben anderer Menschen vielfach umgegangen wird: gleichgültig. Die vorherrschende Meinung ist: irgendwie kommen wir ja alle in den Himmel, und wenn nicht, ist es auch nicht so schlimm, und wenn es keinen Himmel gibt, dann hatte ich wenigstens ein schönes Leben und der Rest ist doch egal. So ähnlich hat es mir ein Schüler unlängst gesagt.

Dabei ist doch der Glaube an die Auferstehung, wie Paulus sagt, der Kern unserer christlichen Botschaft. Wir könnten dieses Haus hier schließen oder verkaufen oder abreißen lassen, wenn es die Auferstehung Jesu nicht gegeben hätte. Ohne das Leben nach dem Tod wäre unsere Verkündigung sinnentleert und hohles Gerede, schwacher Trost und billige Gnade. Wenn wir uns unser irdisches Leben vorstellen als den Teil einer großen Wippe, wie wir sie von Kinderspielplätzen kennen – dann wäre diese Hochzeit, von der Jesus hier spricht, das große Fest, der jenseitige, andere Teil dieser Wippe. Ohne dieses jenseitige Gegengewicht würden wir immer am Boden kleben, kämen nicht in Bewegung; hätten zwar den sicheren Boden der Tatsachen unter den

Füßen, aber wären meilenweit vom Himmel entfernt, unfähig zu schweben, nicht in der Lage, ins Gleichgewicht zu kommen. Es ist keineswegs egal, ob da drüben, am anderen Ende der Wippe, jemand sitzt oder nicht sitzt! Ich werde es hier und jetzt merken, ob da drüben etwas ist oder nicht, hier und nicht dann entscheidet sich, ob ich dem Himmel näher komme und zu einem inneren Gleichgewicht finde-oder ob ich am Boden der Tatsachen klebe.

Die vierte Jungfrau stelle ich mir vor als diejenige, die nicht glaubt, dass es ein Fest gibt. „Solange ich den Festsaal nicht geschmückt gesehen habe, glaube ich auch nicht, dass es ein Fest gibt!“ Als dann das Fest beginnen soll, beginnt es ohne sie.

Auch da habe ich Menschen vor Augen, die so denken wie diese junge Frau; die nur glauben können, was sie sehen. Alles andere ist im besten Falle pure Spekulation oder gutmütiger Humbug, im schlimmsten Falle böswillige Volksverdummung. Solche Menschen vom Gegenteil zu überzeugen ist ziemlich aussichtslos. Das kann nur Gott alleine, und die Art, wie er es tut, ist oftmals überraschend und überwältigend; in meiner Jugend und später in meiner Leipziger Studienzeit habe ich mehrere Leute kennengelernt, die so von Gott „überwältigt“ worden sind. Andere wiederum stehen vor Eingang zum Festsaal und manche sterben, ohne dass sie je einen Blick hineingetan haben - ein Gedanke, der nicht so leicht zu ertragen ist, aber doch der Realität entspricht, wie wir sie erleben.

Die letzte der fünf Jungfrauen mag die gewesen sein, die sich einfach nicht für klug genug hielt. Die sich aus Angst zurückhält, ihr Licht nur zaghaft ansteckt und auch sonst lieber keine große Leuchte sein will. Auch solche Menschen kennen wir alle, die sich nicht trauen, die lieber in der großen Masse verschwinden, nicht auffallen möchten, den Kopf einziehen. Sie vergessen, dass die Einladung Gottes eine persönliche Einladung ist, die auch jedem von uns persönlich gilt. Das Licht, das wir geschenkt bekommen, sollen wir auch leuchten lassen, wenn wir es nur auf Sparflamme leuchten lassen - ein bisschen Christsein, dass man gerade so erkennen kann -, dann brauchen wir uns nicht zu wundern, wenn es im entscheidenden Moment, also dann wenn wir es wirklich brauchen können, ausgeht.

Fünf verschiedene Frauen mit fünf verschiedenen Geschichten: und alle müssen draußen bleiben. Jesus erzählt hier mit starken Kontrasten; wir als seine Zuhörerinnen und Zuhörer sollen merken, worum es geht. Was machen die anderen fünf so anders, dass sie in den Festsaal kommen?
Interessanterweise tun sie gar nicht viel. Die fünf klugen unterscheiden sich von den anderen lediglich durch ihre Reserve, die sie im entscheidenden Moment haben. Der Bräutigam kommt: und die fünf können von dem Mehrwert zehren, dem Vorrat, den sie mitgebracht haben.

Diese fünf hatten genau das dabei, was den anderen fünf gefehlt hat. Die erste hatte **Geduld** mitgebracht. Wenn die erste Begeisterung aus Kindertagen nachlässt, wenn Zweifel und Anfechtungen kommen und Dinge passieren, die mir nicht passen, brauche ich vor allem diese Geduld. Die Geduld ist es, die diese junge Frau ausharren lässt, wo andere die Flinte längst ins Korn geschmissen hätten. Geduld brauchen Sie als die Trauernden, denn der Verlust ist auch nach langer Zeit noch spürbar. Geduld brauchen auch diejenigen, die Ihnen zuhören, weil sie sich vielleicht viele schon oft gehörte Geschichten noch einmal anhören müssen. Ich wünsche Ihnen und allen, die mit Ihnen zu tun haben, die **Geduld** der ersten Jungfrau. Sie ist ein Schlüssel zur Ewigkeit.

Die zweite Jungfrau hatte das **Vertrauen** nicht verloren. Vertrauen ist kostbar, weil man es so leicht verlieren kann, deshalb ist es sehr klug, immer eine Reserve davon dabeizuhaben. Vertrauen ist besonders schwierig, wenn die Vernunft und die Erfahrung dagegen sprechen, wenn es keine rationale Erklärung gibt und keinen Beweis. Manchmal gibt es auch für den Tod und seine Umstände keine rationale Erklärung, und es braucht ganz viel Vertrauen, dass das, was Sie als Angehörige erlebt haben, nicht aus Gottes

Plan gefallen ist. Deshalb wünsche ich Ihnen das **Vertrauen** der zweiten Jungfrau. Vertrauen ist ein Schlüssel zur Ewigkeit.

Ich stelle mir vor, dass die dritte Jungfrau eine große Reserve an **Liebe** dabei hatte. Liebe ist das beste Mittel gegen die Gleichgültigkeit. Wer liebt, dem ist der Gegenstand seiner Liebe nicht egal, und wer geliebt wird, dem kann sein Leben nicht egal sein. Diese Liebe ist auch für Sie als Angehörige eine Brücke in die Ewigkeit: so wie Ihr Verstorbener noch geliebt wird, so sind Sie von Gott geliebt, weil Sie ihm nicht egal sind. Deshalb wünsche ich Ihnen die Erfahrung dieser **Liebe**-sie ist ein Schlüssel zur Ewigkeit.

Schließlich wünsche ich Ihnen die **Hoffnung** der vierten und die **Stärke** der fünften Jungfrau. Die Hoffnung, dass auch da, wo wir nur verschlossene Türen sehen, etwas Großartiges hinter dieser Tür auf uns warten kann. Die Hoffnung, dass auch unser kleines Licht bei Gott etwas zählt. Und die **Stärke** wünsche ich Ihnen, mit der Gott uns beschenken möchte, wenn wir ihm unsere Schwachheit gestehen, wenn wir zugeben, dass wir nicht wissen wie es weitergeht und wenn wir das Dunkel aushalten, das uns manchmal umfängt. Hoffnung und Stärke, Liebe, Vertrauen und Geduld – unsere Schlüssel zur Ewigkeit. Amen.

Register der Bibelstellen

Altes Testament

Neues Testament

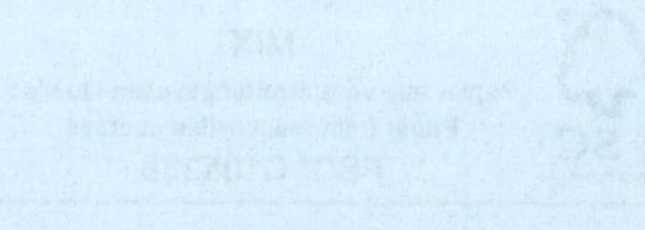

Printed by Books on Demand GmbH, Norderstedt / Germany